인체에 가장 잘 맞는

스킨 골프

SKIN GOLF

박길석 지음

가림출판사

SKIN GOLF

최근 우리 사회는 책 내는 것이 유행 같다. 대형 유명 서점에 가보면 무명 작가들이 쓴 신간으로 산을 이룬다. 골프 코너에 가 봐도 마찬가지다. 하지만 이 책은 이제껏 본 그 어떤 골프책과 달랐다. 재활의학 교수 같은 사람들이나 쓸 수 있는 그런 책이라고나 할까? 인체공학부터 시작하여 물리학 그리고 재료공학까지 골프와 연계한 내용은 솔직히 나를 주눅들게 했다.

저자가 골프를 시작한 지는 약 15년 정도 된다고 한다. 그는 토목공학을 전공한 인연으로 현재 토목시공, 설계 등을 다루는 세계적인 프랑스 건설회사 사장이다. 골프를 치면서 순간순간 생각나거나 느껴지는 골프에 관한 모든 것을 공학도답게 과학적으로 분석하고 인체와 연관지어 기록해두었는데, 그 분량이 흘러 넘쳐 하는 수 없이 최근 정리하면서 이렇게 골프 레슨서를 집대성하게 되었다고 한다. 골프는 90% 이상이 심리적인 부분에 좌우되기 때문에 더욱 어렵다고들 하는데, 그의 골프 이론은 기존 골프 레슨을 파괴하는 것이나 다름이 없다. 그는 많은 골퍼들에게 자신의 골프 이론을 적용해 보고 더욱 확신을 갖게 되었다고 한다. 이 책의 원고를 SBS 골프 방송 측에 보냈더니 방송에 출연하여 공개 레슨을 해 보라는 연락도 받았다며 뿌듯해 했다. 요즘도 가끔 골퍼들에게 스윙 교정을 요청받고 있지만, 사업이 바빠 그럴 틈이 없다고 한다.

저자는 특히 퍼팅이나 아이언 샷을 토목공학의 도형을 활용해 운동 철학으로 승화시키고 책의 많은 분량을 자연에 할애하고 있다. 인간과 자연에 대한 연구는 그가 작은 거인처럼 느껴지게 한다.

이 책은 일반 서적이 아니라 대학에서 골프를 배우는 학생들이나 지도 교수들이 교재로 쓸 정도로 수준이 높다. 책의 구성을 보면 PART 1은 '인체공학으로 본 골프', PART 2는 '물리학으로 본 골프', PART 3은 '재료공학으로 본 골프'이다. 대개 도입 부분을 부드럽게 하는데 이 책은 일부러 딱딱하고 생소한 글로 시작을 한 것 같다. 아니나 다를까 PART 4는 '레인보우 골프'로 읽는 재미를 더 해 책장이 술술 넘어간다. 그리고 PART 5를 '자연으로 본 골프', PART 6을 '골프에 좋은 운동'으로 마무리한 것은 인생이 결국 자연으로 돌아간다는 철학적 의미를 담은 것이 아닌가 하는 생각이 든다. 그래서인지 이 책을 읽다 보면 인생의 희로애락이 느껴진다. 이 책은 투어 프로는 물론이고 골프를 취미로 하는 주말 골퍼에게도 필독서라고 여겨져 감히 읽기를 추천하는 데 주저하지 않는다

백운호수 근처에서 안암 이 광 희
(전, 한국골프칼럼니스트협회 회장, 바른골프문화운동본부 대표)

서 문

언젠가 한 미술 선생님의 '기호 회화 미술'이라는 논문에 있던 문구가 기억 난다.

"추상 미술에서 추상이란 그 의미가 포괄적이고 관념적이어서 의심을 해 본 적이 없다. 왜냐하면 '열림'이란 포괄적인 느낌과 '기호'라는 관념적인 어구가 추상의 개념에서 벗어나지 않기 때문이다."

이 말에 의하면, 중요한 것은 추상 회화 분야 속으로 들어가 보면 '기호 회화'는 존재하지 않는다는 것이다.

골프 역시 '더 멀리', '더 정확히'와 같이 너무나 포괄적이고 관념적이기 때문에 수많은 이론과 교습 방법의 다양함이 호기심을 자극하기에 충분하다. 인간의 삶이 제각각 다양하듯 골프 역시 여러 가지 학문이 복합적으로 녹아 있다. 우리 삶의 목적이 정신적·육체적 행복 추구라면 골프의 목적은 분명 '더 멀리', '정확히', '즐겁고 건강하게'라고 정리할 수 있을 것이다.

그 어떠한 학문(예술, 운동, 철학 등)도 그 의미의 시작과 끝이 자연에서 멀어지면 멀어지는 만큼 깊이가 얕아진다. 필자는 실내 골프 연습장에서 골프를 시작하면서 테이블에 놓여 있던 『벤 호건의 모던 골프책』을 읽은 후 골프 서적은 단 한 권도 읽지 않고, 시간이 날 때마다 건강을 위해 그냥 운동이나 하자는 생각으로 연습장에서 땀을 흘리며 기분이 좋을 정도로만 골프를 하곤 했다.

필드에 나간 후에는 봄, 여름, 가을, 겨울 계절마다 변하는 자연의 아름다움이 골프를 치는 것보다 더 기다려졌다. 시간이 흘러 어느덧 실력이 향상되었고 내기 골프를 시작하면서 내게 골프는 운동에서 돈과 경영으로 변해갔고, 골프를 하는 목적 역시 자연에서 멀어졌으며 원망과 핑계 속에서 스윙 또한 변해갔다.

얼마쯤 지나 골프를 그만두고 다른 일에 몰두하며 그동안의 골프 습관들을 지우면서 자연의 아름다움을 느낄 때쯤 다시 클럽과 공을 가지고 필드로 나가고 싶어졌다.

다시 클럽을 잡은 나는 수많은 시행착오를 겪으며 만들어낸 나만의 노하우 그리고 많은 책들을 읽으며 얻은 정보를 나의 경험에 접목시켜 차곡차곡 모았다. 그리고 그것을 이 한 권의 책에 듬뿍 담아 초보 골퍼들에게 주고 싶은 마음에서 글을 쓰게 되었다. 다소 몇몇 부분들은 다른 책들과 내용이 중복되지만, 너무나 중요하기에 필자 또한 책에 서술해 놓았다.

이 책은 6개의 파트로 구성되어 있다.

'PART 1 인체공학으로 본 골프'는 골퍼의 인체에 관해 기록했고, 'PART 2 물리학으로 본 골프'는

더 멀리, 더 정확히 볼을 보낼 수 있도록 운동 에너지를 물리학적으로 다루었다. 'PART 3 재료공학으로 본 골프' 는 클럽이나 볼 등 골프 도구에 관해 기술했으며, 'PART 4 레인보우 골프' 는 고정된 위치에서 클럽을 휘두르는 동작을 7가지로 나누어 설명하였다. 이 책에서 가장 많은 분량을 차지하는 'PART 5 자연으로 본 골프' 는 'PART 4 레인보우 골프' 를 실전에 나가 자연에 적용하도록 했다.

이 책에서 중요한 것은 다양한 도형을 이해하는 것이다. 점이 모이면 선이 되고 선이 모이면 면이 되고 면이 모이면 도형이 되는데, 이 책은 이러한 현상과 우리 인체가 가지고 있는 자율신경의 특징을 응용하고 있다.

우리 인간에게는 자율신경이라는 매우 다양하고 복잡한 신경이 있어 자극을 감지하고 신체에 전달하여 반응하게 한다. 자율신경은 점, 선, 면보다 도형에 더 잘 적응하며 반응한다. 여기서 말하는 점이란 'PART 4 레인보우 골프' 에 기록한 자세를 가리킨다. 'PART 5 자연으로 본 골프' 에서 선은 다양한 볼의 구질, 면은 여러 가지 삼각면, 도형은 코스 공략법을 가리킨다.

'PART 6 골프에 좋은 운동법' 에는 말 그대로 좀 더 골프에 도움을 주는 효과적인 운동법 몇 가지를 소개하였다.

누구나 처음 골프를 시작하면서 목표를 세워놓고 운동하지는 않겠지만, 시합이나 필드에서 많은 시간을 보내면서 다양한 목표를 설정할 것이다. 하지만 '한 타 한 타 줄여 보자' 라는 소박한 목표를 설정한다고 해도 그 목표가 추상적이고 관념적이라면 상당히 많은 시간이 요구된다.

연습장과 필드에서 행동으로 목표를 구체화하고, 레슨과 책을 통해 생각과 정보를 보완하면서 때론 스윙을 바꾸어 보기도 하겠지만, 목표보다 더 중요한 것은 목표에 도달하는 방법이다. 더 큰 목표를 달성하고 싶다면 끊임없이 새로운 접근 방식을 찾아내야 한다. 아무리 많은 시간이 들더라도 규칙에 따라 엄격하게 목표에 도달하는 방법을 스스로 창조하고 발전시키지 못한다면 결코 목표를 이루지 못할 것이다.

이러한 맥락에서 이 책이 당신에게 골프의 새로운 접근 방식을 창조할 수 있게 도와주는 또 다른 사고의 전환점이 되었으면 하는 바람이다.

저자 박 길 석

프롤로그

우리 인간은 다섯 가지 감각 기능 즉 시각, 청각, 후각, 촉각, 미각을 이용하여 정보를 수집하여 뇌에 저장하고, 밖으로 표출한다. 이로써 행동(운동 에너지), 언어(전달, 소통), 표정(감정)이 나타난다. 특히 시각은 볼 수 있는 물질과 볼 수 없는 물질로 대상을 나눌 수 있다. 그런데 볼 수 없는 것에 더 충실해야 하는 것이 바로 골프라는 운동이다.

이해를 돕기 위해 아래와 같이 골프 구조를 색과 도형의 원리로 표현해 보았다. 3원색 빨강, 노랑, 파랑에 초록을 더한 4원색으로 아래와 같이 각각의 삼각형과 도형으로 각자 자기만의 상상 속의 골프를 그려 보자.

구기 종목 중 대표적인 축구, 배구, 농구, 탁구 등을 잘 하려면 볼의 운동 에너지에 따라 반사적으로 움직이는 반사신경을 발달시켜야 한다. 그러나 골프는 이러한 운동과는 달리 자율신경을 발달시켜야 하는 스포츠이다. 이러한 이유로 **반사신경**이 **자율신경**보다 더 발달한 스포츠 선수라도 일반인보다 골프를 더 잘한다고 말할 수 없다. 그러나 대부분 운동선수들은 골격과 근육 운동만으로도 일반인보다 더 빠르고 부드럽게 골프에 접근할 수 있다.

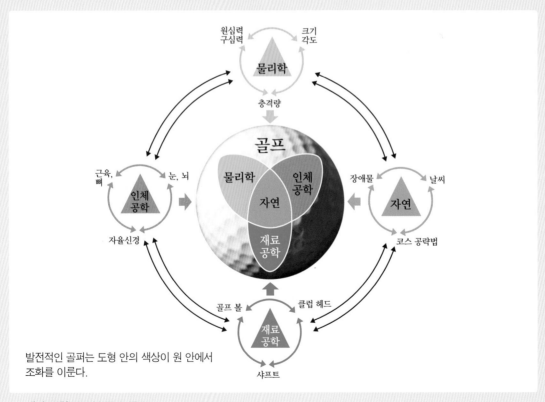

발전적인 골퍼는 도형 안의 색상이 원 안에서
조화를 이룬다.

색과 도형으로 본 골프 구조

일상생활 가운데 자율신경이 몸속에서 끊임없이 운동하고 있는 것을 느끼지 못하고 있다가 골프를 통해 한순간 그것을 밖으로 표출하는 것은 어쩌면 생각하는 것보다 더 많은 연습 시간이 필요한지도 모른다.

　42mm의 작은 크기에 450개의 딤플(오목오목 패인 홈)을 가진 골프 볼은 넓은 골프장을 모두 메울 만큼 많은 변화가 눈앞에 일어나게 한다. 푸른 잔디 위에서 골퍼가 만들어내는 단 한 번의 샷 역시 골퍼로 하여금 만감이 교차하게 할 것이다. 이해할 수 없이 묘한 표정, 통쾌한 몸짓, 행복과 좌절의 표정, 인간이 가지고 있는 희로애락의 모든 감정들이 18홀 동안 다양하게 나타나는 것을 골프장에서 볼 수 있다. 골프는 필드에서 볼 수 있는 다양한 표정만큼이나 골프만의 독특한 운동 철학을 만들어낸다.

　대자연과 함께 호흡하는 골프는 철학이라는 학문처럼 골퍼 개개인의 관점에 따라 쉽고도 어려운 스포츠이기에 힘들고 어렵다고 생각하면 끝없이 어려워진다. 하지만 이 책의 'PART 4 레인보우 골프'를 통해 자연을 이해하고 자신의 신체적인 조건들을 받아들이면 골퍼 자신만의 운동 철학을 만들어나갈 수 있다. 그 가운데 나날이 변해가는 자신의 모습과 경험, 자연적 현상들은 골프에 관한 학문적 지식으로 다가올 것이다.

　골프를 가르치는 대부분 선생님들은 학문적 지식을 전달하고자 노력한다. 그러나 지식이란 거의 경험에서 시작되고, 경험이란 자연현상 속에서 얻어지지 않는가! 필드에서 무수히 많은 점들을 공략할 때 목표까지 거리가 직선이거나 곡선이라고 말할 수 없다. 그것은 존재하지 않는 현상들이기 때문이다.

　하지만 골퍼는 점의 연장선을 만들어낸다. 허공 속에서 기하학적으로 머릿속에 하나의 선을 그려가는 것이다. 비단 캔버스에 그리는 것만이 그림이 아니듯 골프 또한 자연이란 열린 캔버스 위에 그리는 그림이다.

　골프 코스 공략법은 점에서 점을 연결하여 한 폭의 그림을 그려나가는 작업과도 같다. 잘 그린 그림이든, 망친 그림이든 언제나 아쉬움은 남게 마련이다. 그 아쉬움이 없다면 누가 골프를 하겠는가! 그 많은 아쉬움이 차곡차곡 쌓여 한 폭의 그림으로 완성될 것이므로 자신만의 신비롭고 아름다운 그림을 만들어나가길 바란다.

　이제 우리들의 다양한 삶의 테두리 안에서 골프라는 수채화를 도형을 이용하여 그리는 마음으로 리듬(감각)에 맞추어 힘찬 스윙을 해 보자. 분명 이 한 권의 책은 당신에게 색다른 느낌으로 다가갈 것이다.

차 례

PART 4 레인보우 골프

PART 5 자연으로 본 골프

PART 6 골프에 좋은 운동법

PART 1

인체공학으로 본 골프

근육과 뼈(골격)

골프에 사용하는 근육과 골격은 다음과 같이 크게 5가지 정도로 이해하면 된다.

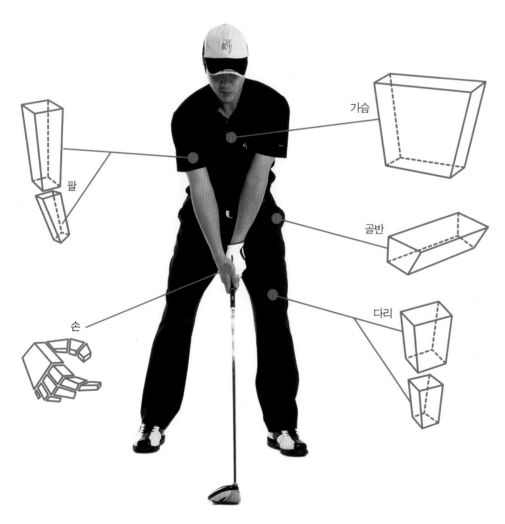

가슴, 팔, 손, 허리(골반), 다리 근육을 도형으로 이해하기

손

수근골, 중수골, 수지골로 이루어진 손은 골프에서 사용하는 근육과 뼈 중 가장 작은 부분으로 골프채와 인체를 연결해 주는 고리다. 체형과 사람마다 다른 손의 크기, 두께, 손바닥에 땀이 나는 상태 등 여러 현상에 따라 피팅 시 클럽의 굵기나 길이를 달리 해야 하고, 그립의 재질 또한 인체에 맞추는 것이 좋다.

다음으로는 골퍼의 그립 종류, 그립 위치, 왼손 엄지손가락의 위치를 결정해야 한다. 자신의 체형에 맞는 올바른 그립을 선택하는 것은 아마추어 골퍼에서 프로 골퍼에 이르기까지 계속되는 그립에 대한 고민을 줄여줄 것이다.

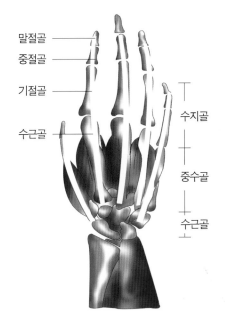

말절골
중절골
기절골
수근골

수지골
중수골
수근골

큰 손, 작은 손, 긴 손, 짧은 손, 두꺼운 손, 얇은 손

팔의 분류

인간의 팔은 상완골, 요골, 철골로 이루어져 있는데, 골프에서는 다음의 사진과 같이 2가지에서 4가지 유형으로 나누어 이해할 수 있다.

골프에서 본 팔의 2가지 유형

종류	곧은 팔	굽은 팔
골격		
근육	근력이 강하다. 무거운 물건을 잘 든다.	팔이 길고 근력이 약하다. 무거운 물건을 잘 못 든다.
체형	비만 타입이며 팔이 짧다.	마르고 키가 큰 타입이며 팔이 가늘고 길다.

자신의 체격 조건에 맞는 스윙을 찾아가는 과정에서 팔의 골격과 근력은 매우 중요한 하드웨어적인 조건이 된다. 우리나라의 대표적인 전통놀이문화 중 하나인 쥐불놀이는 불을 밝히기 위해 깡통을 신나게 안에서 바깥으로 또는 바깥에서 안으로 돌렸다. 지금 와서 생각해 보니 쥐불놀이는 골프스윙과 같은 방향의 원운동 놀이였다. 그때 팔과 줄은 운동 방향으로 깡통의 회전 속도 변화에 따라 휨 모멘트가 일어났다. 골프의 스윙 아크를 무비 카메라로 찍어보면 회전 방향으로 팔과 채에서 휨 모멘트가 일어나는 것을 볼 수 있다.

회전 운동 방향으로 줄을 밀면 원심력으로 인하여 통은 빠른 속도로 아크를 찾아 원운동을 계속하지만, 반대 방향에서 손가락을 대면 순간적으로 원의 궤도는 깨지고 쥐불놀이통은 구심점(몸쪽)으로 날아오게 된다.

원운동이 일어나는 놀이 기구

골격과 근력에 맞는 팔의 위치와 근육 사용법

골프에서 스윙 아크가 깨지는 현상은 주로 오버래핑 그립(overlapping grip)을 잡은 사람이 과도하게 Y자형 어드레스를 하거나, 쇼트 게임(short game)에서 왼쪽의 손목이 꺾일 때 나타난다.

팔에 대해서 앞으로 더 많은 설명을 하겠지만 팔은 인체공학적으로 헤드와 구심점의 연결체이며, 물리학적으로 원운동과 재료공학 측면에서 샤프트(shaft)의 연장선이기에 두 팔의 위치는 아크를 만드는 가장 큰 골프스윙 요소가 된다.

구심점이란 척추에서 팔과 샤프트를 통해 힘이 헤드(head)에 전달되게 하므로 팔의 탄성과 샤프트의 탄성을 맞추는 것은 비거리 증가의 가장 큰 요소가 된다. 대부분의 컨트리클럽을 가보면 드라이버 티잉 그라운드(teeing ground)가 여성과 남성으로 구별되며, 작게는 미들, 화이트, 블루로 구분되는데, 이는 인체공학적으로 팔의 골격이 가장 큰 작용을 하기 때문이다. 여성이 남성보다 무거운 것을 들지 못하는 원인 또한 팔의 골격이 약하기 때문이며, 여성이 남성보다 철봉에서 오래 매달리기를 잘하는 원인 또한 팔의 골격이 인장력에 강해서이다.

여성 프로선수들을 보면 자신의 팔 골격에 맞는 스윙을 한다는 것을 알 수 있다.

티잉 그라운드

골격과 근력에 맞는 팔의 위치와 근육 사용법

분류	역 K자형 체형	Y자형 체형
어드레스	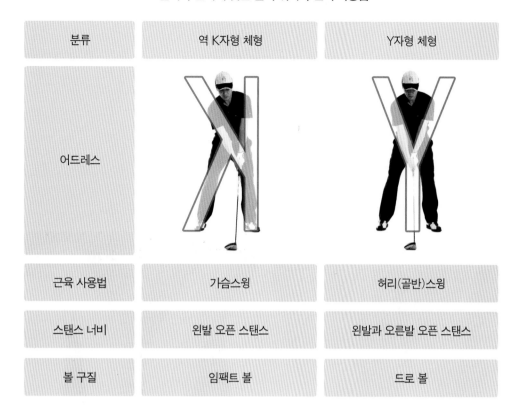	
근육 사용법	가슴스윙	허리(골반)스윙
스탠스 너비	왼발 오픈 스탠스	왼발과 오른발 오픈 스탠스
볼 구질	임팩트 볼	드로 볼

　위 표를 보면 두 가지 체형 모두 다 어드레스 자세에서 사진과 같이 오른팔이 왼팔 아래에 위치하여야 한다.

왼팔 : 곧게 펴 준다.
오른팔 : 오른쪽 팔꿈치를 배쪽으로 당겨 왼팔보다 아래쪽에 위치하게 한다.

주로 남성의 왼팔 골격은 사진과 같이 안쪽으로 굽혀져 있지 않고, 근력이 약한 여성들은 왼팔 골격이 안쪽으로 굽혀진 경우가 대부분이다. 그러나 여성들 중에도 주로 배구, 농구, 골프 등 손을 사용하는 운동선수들은 남성적인 골격을 가지고 태어나는 경향이 있다. 그러므로 아래 사진과 같이 팔의 골격에 따라 스윙 방법 또한 달라져야 한다.

팔의 골격과 장력 사용법

남성적인 팔의 골격	여성적인 팔의 골격

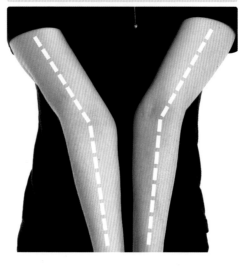

압축력(구심력)스윙	인장력(원심력)스윙

가슴(몸통)

　가슴은 주로 파워스윙과 관계가 있으며 특히 경사면에서 정확한 임팩트와 스위트 스팟(sweet spot)을 만들어내는 데 가장 중요한 대근육에 해당된다. 특히 인체공학적으로 가슴이 크고 폐활량이 큰 골퍼일수록 임팩트 볼을 구사하는 데 유리하다. 가슴 대근육으로 순간 헤드 스피드를 증가시킬 수 있기 때문이다.

　여성들 중에서 가슴이 두껍고 폐활량이 큰 경우는 주로 성악을 전공한 사람들이 많은데, 그만큼 가슴 근육에서는 엄청난 에너지가 만들어진다. 그렇기 때문에 가슴이 두꺼운 체형인 골퍼는 채를 선택할 때 스틸 종류 중 강한 샤프트를 선택하는 것이 매우 중요하다. 그 이유는 스윙 중 각속도가 빨라서 채의 탄성 변형이 커지기 때문이다.

　상체가 발달한 사람이 인터로킹 그립을 잡거나 Y자형 어드레스를 한다면 파워가 급격히 떨어지고 좋은 구질과 정확도를 만들어낼 수 없게 된다. 스윙파워가 가슴(몸통)에서 만들어지기 때문에 롱 우드나 롱 아이언을 사용할 때를 제외하면 어드레스 자세에서 왼손을 볼 앞쪽에 둬야 임팩트 순간에 팔과 채의 휨 모멘트가 볼 앞쪽에서 일어나 좋은 구질의 볼을 만들어낼 수 있다. 위와 같이 대근육 가슴(몸통)을 이용한 다운스윙 궤도(아크) 중 헤드 스피드가 급격히 상승하는 체형인 사람은 샤프트와 클럽 선택을 잘해야 한다.

가슴(몸통)스윙과 볼의 구질

체형	사용 근육	볼의 구질
가슴이 두껍고 상체가 발달한 체형	가슴스윙	임팩트, 악성 슬라이스
키가 크고 가슴이 작은 체형	가슴스윙	푸시 훅, 악성 드로

※ 채의 강도에 따라 구질이 변하므로 채의 선택과 피팅이 매우 중요하다.

허리(골반)

　허리(골반)는 체형과 관계없이 부드럽게 움직여야 한다. 체형에 따른 스윙과 코스 공략법, 구질의 선택, 클럽의 선택, 스윙 조절 등 자연조건에 따라 골반 회전량이 조절되기 때문이다. 골반은 해부학적으로 장골, 선골, 미골, 치골로 분류되며, 골반의 회전량을 조절하는 방법으로 스탠스 폭을 넓히면 회전량이 적어진다.

　반대로 스탠스 폭이 줄어들면 골반 회전량이 크고 부드러워진다. 이러한 자율적 제어 기능은 모든 사람에게 적용되며 향후 코스 공략법과 위기 탈출 시 꼭 지켜야 할 사항이다. 우리들의 인체 골반은 발과 발의 폭, 오른발과 왼발의 방향과 밀접한 관계가 있다.

　특히 골반을 사용하지 않는 30m 이내 쇼트 게임에서 종종 과도하게 두 발을 붙인 스탠스를 취하는 골퍼를 볼 수 있는데, 그러면 체력이 떨어질 때나 작은 경사면에 있는 볼을 처리할 때 자율신경으로 인한 골반 회전으로 하체가 무너져 쇼트 게임을 망칠 수 있다.

허리(골반)와 스탠스의 관계

스탠스가 넓다	스탠스가 좁다
골반 회전이 줄어든다	골반 회전이 부드럽다

백스윙 시 골반 회전량을 조절한다	골반 회전량이 커져 오버스윙이 될 수 있다

처음 골프를 시작하는 초보자가 가장 잘되지 않는 것이 골반(허리) 회전인데, 'PART 6 골프에 좋은 운동법'을 연습하면 사진과 같이 프로 같은 자세를 만들 수 있다. 특히 백스윙 톱(back swing top)에서 다운스윙을 할 때 왼쪽 골반을 돌리는 연습을 많이 하면 오른쪽 골반의 회전 방향을 느낄 수 있다.

스윙이 만들어지는 근육의 순서

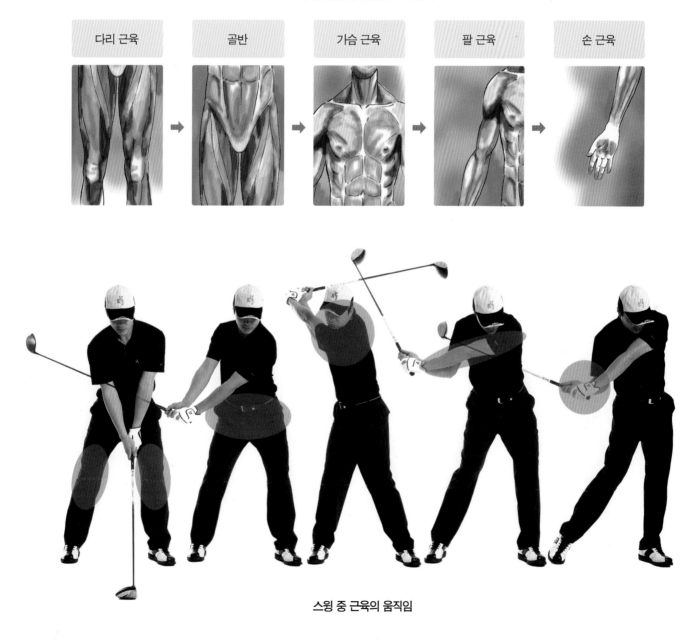

다리 근육 → 골반 → 가슴 근육 → 팔 근육 → 손 근육

스윙 중 근육의 움직임

다리

해부학적으로 다리는 매우 복잡한 뼈와 근육으로 이루어져 있다. 골프에서는 의학적으로 깊이 알 필요까지는 없지만, 다음과 같이 크게 6가지는 알고 있어야 한다.

1. 다리의 보폭은 골반 회전량으로 조절한다.

2. 다리는 가장 많은 에너지를 필요로 하는 근육으로 대근육 중 피로가 가장 빨리 온다.

3. 원심력과 구심력을 견뎌야 하는 최후의 보루다.

4. 발의 열림과 닫힘은 골반의 회전량을 조절하여 볼의 방향을 변화시킨다.

5. 무릎을 구부리는 정도에 따라 구심점 위치가 변경된다. 즉 스윙 중 헤드업이 일어나고, 골반이 부드럽게 돌지 않아 상체가 세워짐으로써 구심점이 변한다.

6. 오른쪽 다리 대둔근과 대퇴근육의 비틀림 운동은 간결한 파워스윙을 만들어내는 중요한 에너지(힘)의 원천이다.

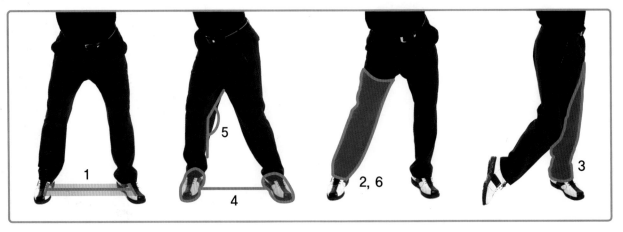

다리 근육의 움직임

1　　　　　　　　　　　　　　　　　　　2 3

4　　　　　　　　　　　　　　　　　　　5 6

풀스윙　　　　　　　　　　　　　　　　7 8

눈과 뇌

눈

눈은 빛의 수용감각기를 통과해 뇌의 시각중추에 정보를 전달함으로써 명암, 색감, 방향, 형태, 크기, 거리를 알아보고 행동하게 한다. 특히 라운딩 중 퍼팅 시 6.5m 이내 거리에서는 수정체의 초점 거리 자동 조절로 물체나 현상을 똑똑히 볼 수 있다는 것을 생각해야 하며, 거리가 6.5m를 넘어가면 원근조절반사가 전혀 일어나지 않는 것 역시 염두에 두어야 한다.

눈의 간상세포와 원추세포를 통하여 잔디의 종류와 상태를 분석하면 뇌를 통하여 스윙 스트로크(swing stroke)가 일어난다. 또한 유전적인 요인으로 골퍼마다 어느 한 쪽에 주시를 가지고 있으므로 두 눈 중 어느 쪽 눈이 주시인지 확인하여야 한다. 특히 눈은 쇼트 게임과 퍼팅에서 중요한 역할을 하기 때문이다.

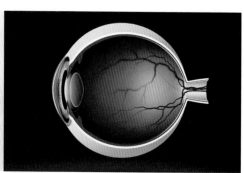

1. 두 손을 모아 한 물체를 응시한다.

2. 오른쪽 눈을 감아 본다.

안 보임

3. 왼쪽 눈을 감아 본다.

보임

주시 확인 방법(오른쪽 주시의 예)

퍼팅 라이 그림자

퍼팅 어드레스(putting address) 중 그림자가 생기면 다시 에임(점검)해야 한다. 그늘진 곳은 겨울에는 볼이 많이 굴러가고 여름에는 습도가 높아 덜 굴러간다.

뇌

여러 종류의 골프책을 읽다 보면 사람의 뇌에 관하여 서술해 놓은 것들을 많이 접할 수 있는데 이는 그만큼 뇌가 골프에 중요한 영향을 끼치기 때문이다.

우리 인간이 태어나서 죽는 날까지 뇌를 통하지 않은 생각과 행동은 없다. 뇌는 정보를 저장하고 창조하며 행동을 지시한다. 생각한 행동이든 생각하지 않는 행동이든 모두 다 뇌의 움직임으로 일어나는 현상들이다. 골프 역시 뇌와 밀접한 관계가 있다.

뇌의 공간(영상) 감각과 무의식적 역할

공간(영상) 감각	무의식적 역할
● 거리, 넓이, 경사, 온도, 바람, 계절로 인한 현상 ● 골퍼가 원하는 가상 공간과 가상 현상	● 볼의 중심 ● 온도 변화에 따른 행위 ● 소화기(장 기능)로 인한 현상

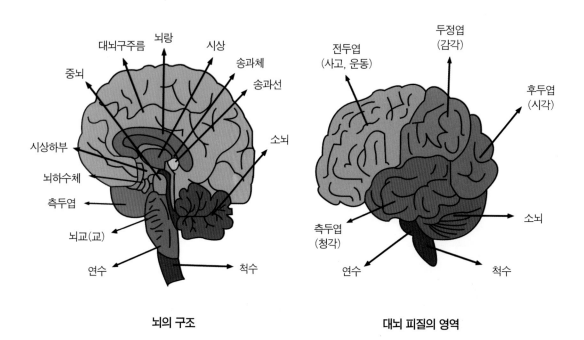

뇌의 구조   대뇌 피질의 영역

03 자율신경

여기에 소개하는 내용은 자율신경과 귓속 세반고리관이 골프에 미치는 영향과 조절할 수 있는 운동법이며, 골프를 좋아하는 사람들이 좀 더 논리적인 방법으로 생각하는 골프를 할 수 있도록 유도하는 데 목적이 있다.

먼저 자율신경에 대해 알아보자. 자율신경은 교감신경과 부교감신경으로 나누어져 있는데, 주로 자율신경을 움직이는 신경으로는 중추신경과 말초신경이 있다. 말초신경은 기후, 온도, 접촉 등을 통해 전달되는 신경이고, 중추신경은 근육과 뼈의 움직임을 담당하는 신경으로 골프의 스윙 중 6가지 동작이 바로 이 중추신경을 통해 일어난다.

골프가 쉽고도 어려운 이유는 축구, 배구, 농구, 탁구, 테니스처럼 볼이 에너지를 가지고 움직이기 때문이다. 골프는 눈을 통하여 최초 정보 수집이 일어나며, 중추신경에 의해 행위가 일어나는 반사운동이다. 그래서 무엇보다 시력과 시신경이 중요하다.

그러나 눈은 자연에 관한 정보 수집과 스윙 중 구심점을 잡아주는 역할을 담당할 뿐, 뇌를 움직여 반사적으로 볼을 치게 하지는 않는다. 그것은 오직 반복 연습을 통해 자율신경이 할 뿐이다.

골프는 본인의 의지와 관계없이 움직이는 운동으로서, 자율신경에 의해 심장, 폐, 위, 장 등과 같은 다양한 장기가 자율적으로 움직이는 것과 같기에 세계적인 골퍼 데이비드 리드베터도 리듬과 템포를 강조하며 느낌을 중요시했다. 건강한 사람의 오장육부는 제각기 리듬을 타며 일정한 템포를 유지하고 있다(예 : 맥박수, 장의 연동운동, 혈압 등). 골프에서 리듬은 몸의 상태를 말하며 템포는 스윙 속도를 말한다.

템포와 리듬

템포가 깨어지는 경우

- 그립을 잡은 손의 강도가 맞지 않을 때
- 백스윙이 다운스윙보다 빠를 때
- 볼을 놓는 위치가 맞지 않을 때
- 어드레스 후 아랫배를 당겨 넣지 않고 백스윙을 할 때
- 백스윙 때 클럽 헤드가 먼저 올라가 오른쪽 앞발가락에 체중이 실릴 때
- 생각이 많아 스윙 타이밍을 놓칠 때
- 골반 회전이 늦을 때
- 체형에 맞지 않은 그립을 잡을 때
- 클럽에 따라 스탠스 폭이 맞지 않을 때
- 입을 다물고 백스윙을 할 때
- 앞 실수를 인정하지 않을 때
- 귀를 통해 다른 소리가 들릴 때
- 경기 시간에 쫓겨 갈 때

리듬(몸 상태)이 깨어지는 경우

- 육류를 경기 2시간 전에 먹거나 식이섬유를 1시간 전에 먹을 때
- 경기 전과 경기 중 대변이나 소변을 보지 않을 때
- 여성은 생리 전후
- 잠을 충분하게 자지 않았을 때
- 무리한 연습이나 운동으로 피로할 때
- 외부(피부면) 온도가 춥다고 느껴질 때(체감 온도가 낮게 느껴질 때)
- 정서적으로 불안정할 때
- 성의 없는 운동으로 지성 리듬이 깨질 때
- 무리한 경쟁심에 빠질 때
- 상대를 배려하지 않을 때

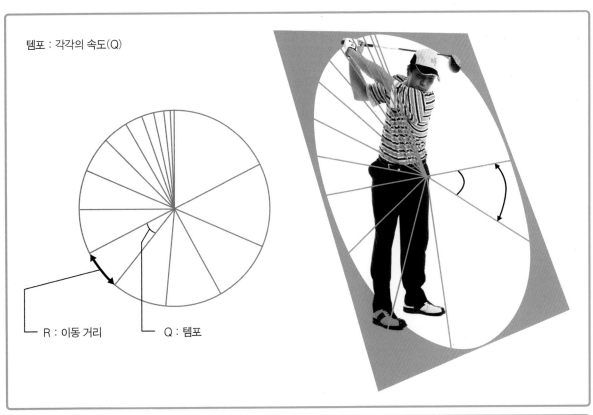

템포 : 각각의 속도(Q)

R : 이동 거리   Q : 템포

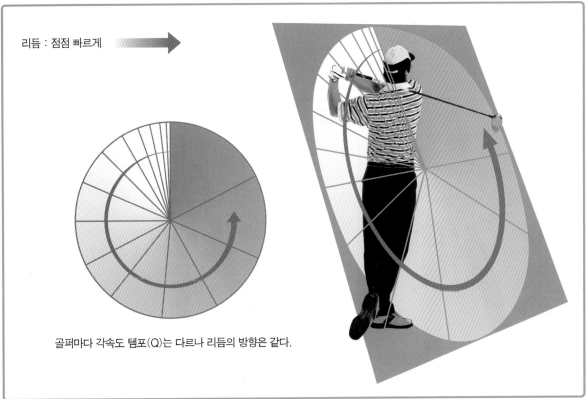

리듬 : 점점 빠르게

골퍼마다 각속도 템포(Q)는 다르나 리듬의 방향은 같다.

템포와 리듬

골프와 귓속 세반고리관과 전정기관의 역할

　인간의 귀에는 소리를 듣는 달팽이관과 평형(중심)을 감지하는 전정기관이 있다. 달팽이관은 소리로 전달되는 자연의 상태를 뇌로 전달하고, 세반고리관은 골프스윙 시에 가장 중요한 역할을 하는 것은 물론 지대한 영향을 미친다.

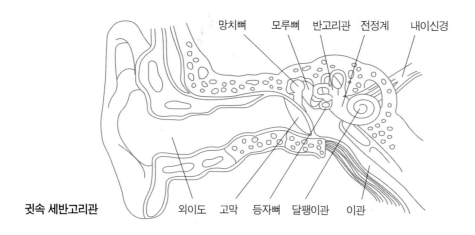

　망치뼈　　모루뼈　반고리관　전정계　　내이신경

귓속 세반고리관　　　외이도　고막　등자뼈　달팽이관　이관

잘못된 어깨선

언덕과 경사면 중심 잡기

평지에서 세반고리관의 역할

다음 행동들은 세반고리관의 수평과 기울기의 자율적 복원운동에 의해 일어나는 현상들이다.

슬라이스 볼

오른쪽 앞
발가락 중심

1. 백스윙 중 오른쪽 앞발가락에 체중이 실리면 슬라이스 볼의 원인이 된다.

악성 훅

오른쪽 발
뒤꿈치 중심

2. 백스윙 중 과다하게 오른쪽 발뒤꿈치에 체중이 실리면 악성 훅의 원인이 된다.

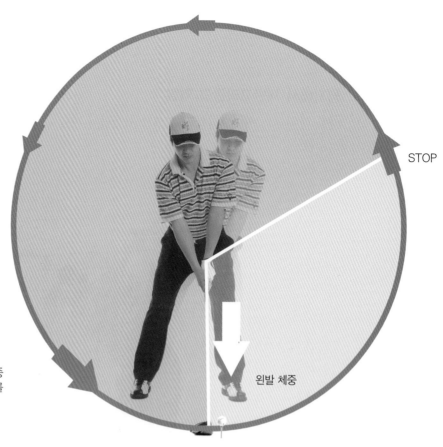

STOP

왼발 체중

3. 어드레스 중 왼발에 체중이 많이 실리면 팔로스루를 멈추게 한다.

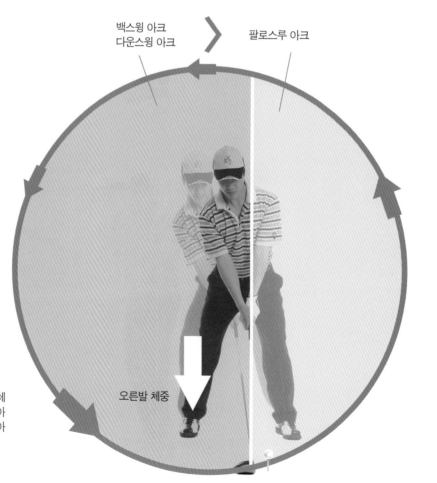

백스윙 아크
다운스윙 아크

팔로스루 아크

오른발 체중

4. 어드레스 중 오른발에 체중이 많이 실리면 백스윙 아크보다 팔로스루 아크가 작아지는 원인이 된다.

정상

볼 앞

볼 뒤

5. 어드레스 중 머리를 볼 앞에 두면 클럽 헤드가 닫힌 채 내려오고 볼 뒤에 두면 열려서 내려온다.

언덕과 경사면에서 세반고리관의 역할

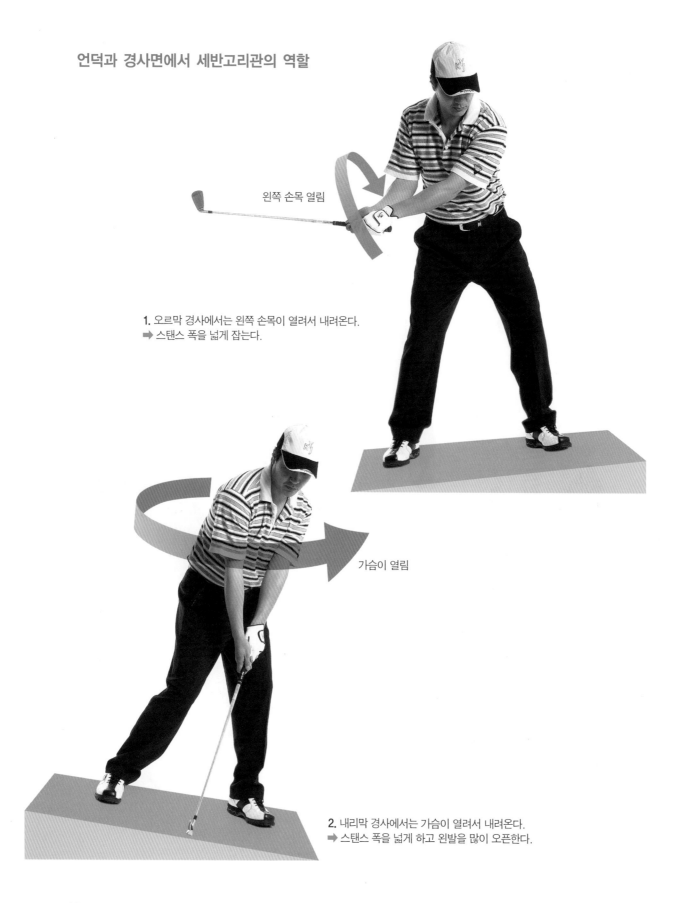

왼쪽 손목 열림

1. 오르막 경사에서는 왼쪽 손목이 열려서 내려온다.
➡ 스탠스 폭을 넓게 잡는다.

가슴이 열림

2. 내리막 경사에서는 가슴이 열려서 내려온다.
➡ 스탠스 폭을 넓게 하고 왼발을 많이 오픈한다.

상체가 일어섬

3. 내리막 경사에서는 상체를 빨리 일으켜 중심을 잡는다.
➡ 볼을 오른쪽에 놓는다.

왼팔을 잡아당김

4. 오르막 경사에서는 왼팔을 잡아당겨 중심을 잡는다.
➡ 볼을 중심선 오른쪽으로 이동한다.

퍼팅 시 주의 사항

왼발 체중

1. 평지에서 왼발에 체중을 두면 퍼팅이 당겨진다.

오른발 체중

열림

2. 오른발에 체중이 실리면 퍼터가 들리고 볼 터치 순간 퍼터 페이스가 열려진다.

많이 굴러감 →

3. 머리가 과도하게 볼 앞쪽에 있으면 볼이 많이 굴러간다.

적게 굴러감 →

4. 머리가 과도하게 볼 뒤쪽에 있으면 볼이 적게 굴러간다.

5. 오르막 경사에서 퍼팅은 손목이 열려 볼이 클럽 페이스에 열려 맞는다.

손목 열림

페이스 열림

상체가 일어남

당겨짐

6. 내리막 경사에서 퍼팅은 상체가 일어나면서 당겨진다.

상체가 일어남

가슴이 열림

7. 오르막 경사에서 퍼팅은 가슴이 열려 일어난다.

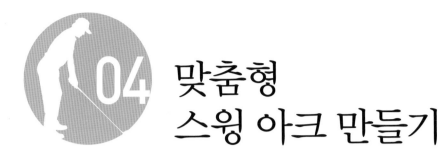

04 맞춤형 스윙 아크 만들기

골퍼의 체형과 스윙 아크의 관계

골프스윙은 사람들의 체형에 따라 적합한 궤도가 결정된다. 크게 2가지로 나누어 접근해 보면 서구형 체형과 동양형 체형이 있는데, 서구형 체형은 상체에 비하여 팔과 다리가 길고 동양형 체형은 상체에 비하여 팔과 다리가 짧다. 근래에 들어서는 우리나라 사람들 중에도 식생활의 변화로 서구형 체형을 가진 사람이 많아졌다. 골프의 스윙은 이러한 2가지 체형에 따라 크게 대근육 가슴스윙과 허리스윙으로 나누어 이해하면 좋다.

키가 작고 상체가 길며 팔, 다리가 짧은 동양형 체형을 가진 사람은 가슴스윙이 유리하며 반대로 상체보다 팔 다리가 긴 서구형 체형을 가진 사람은 허리(골반)스윙을 하는 것이 거리와 정확성에 유리하다. 보다 중요한 것은 근육을 이용하는 스윙 방법이다.

골퍼에게 적합한 스윙 궤도는 부모로부터 물려받은 자신의 신체 조건을 잘 파악하여 그에 맞는 스윙 방법을 찾아 볼을 보다 멀리 정확히 날려 보내는 것이다. 이것이 자신만의 스윙 아크 궤도이다.

물리학적으로 스윙은 원운동인데, 원운동 속에 각자 다른 체형의 공통점을 찾아내는 것이 중요하다.

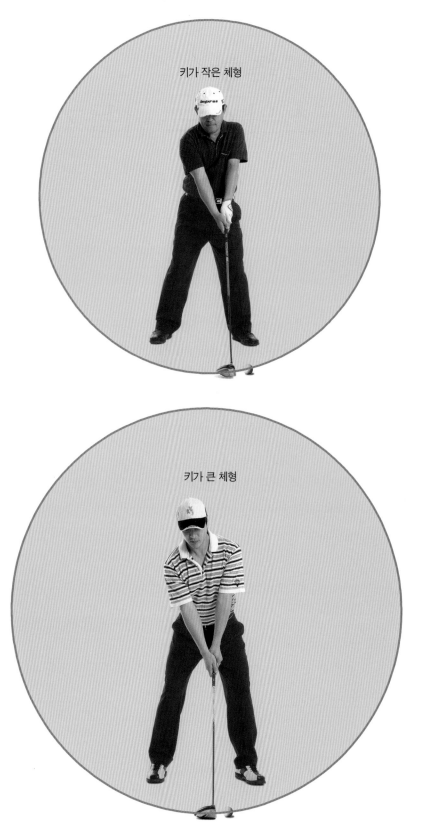

키가 작은 체형

키가 큰 체형

체형별 스윙 아크 궤도

백스윙 중 오른팔의 변화

스윙 아크 공간(영상) 감각		
백스윙	다운스윙	팔로스루

스윙 아크는 위 표와 같이 크게 3가지(백스윙, 다운스윙, 팔로스루) 동작으로 만들어진다. 이때 백스윙은 〔6시 - 9시 = 90도〕 이동 중 오른팔이 구부러지는 시작점에 따라 아크의 수직 각도가 결정된다. 즉, 처음에는 오른팔이 조금 구부러져 왼팔 아래에 위치하지만, 가슴, 팔, 골반의 회전으로 백스윙이 시작된 후 백스윙 톱에서는 오른팔이 지면과 90도 구부러지는 것이 이상적이다. 이는 백스윙 과정 중 언제, 어떤 각도에서부터 오른팔을 구부리느냐에 따라 아래 사진과 같이 체형에 맞는 본인의 아크 각도가 만들어진다.

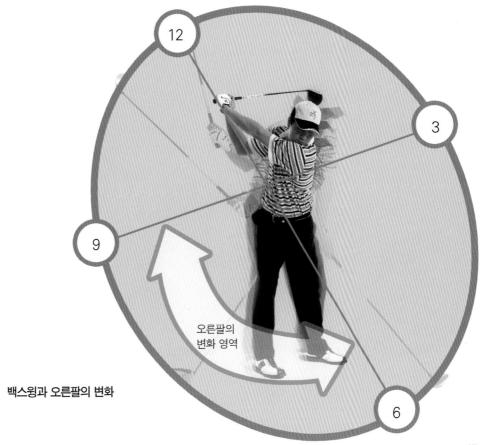

백스윙과 오른팔의 변화

골퍼의 키와 수직스윙 아크각

사진과 같이 백스윙 아크의 수직 각도는 체형과 관계없이 대부분 키에 따라 원의 구심점 높이 변화로 생긴다. 이로 인해 맞춤형 골프채가 아닌 일반적인 골프채를 사용한다면 골퍼의 키에 따라 최상의 스윙 아크가 결정된다는 것을 알 수 있다. 그러나 채의 길이에 따라 스탠스 폭(공을 칠 때 발을 벌리는 정도의 너비)과 볼의 위치 간격이 변한다.

키가 작은 체형   키가 큰 체형

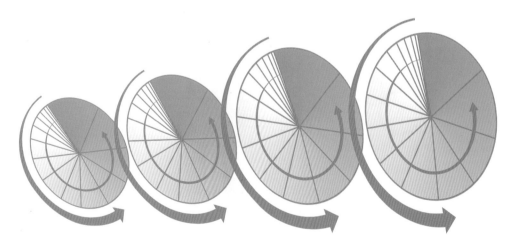

키에 따른 아크

다운스윙과 오른팔의 변화

　다운스윙 중 오른팔의 펴짐은 백스윙 중 오른팔의 변화에 따라 역순으로 일어나야 하지만, 초보자들에게는 무척 어려운 동작이기에 백스윙보다 몸쪽 가까이에서 오른팔의 변화가 일어나는 것이 좋다(이러한 운동 방식은 'PART 6 골프에 좋은 운동법'에 따라 꾸준히 연습을 하면 자연스럽게 만들어질 것이다).

스윙 중 오른팔의 변화

팔로스루와 왼팔의 변화

팔로스루에서는 백스윙 중 왼팔이 구부러지는 시점이 스윙 아크의 수직 각도를 결정한다. 백스윙 중 오른팔의 각도가 변하는 시작점에서 왼팔의 굽힘에 변화가 일어날 때 가장 이상적인 아크가 만들어진다.

단, 자연과 코스, 볼이 놓인 페어웨이(fairway : 볼을 타격하기 좋게 항상 잔디를 짧게 깎아 놓은 구역) 상태, 공략법에 따라 기본적인 자신의 아크 각도를 변형하여 볼의 비행 속도, 거리, 회전, 방향을 조절할 수 있으나, 이는 인체공학적으로 너무나 복잡하고 다양하기에 기본스윙 아크 각도에서 자신이 좋아하는 구질의 3가지 아크를 만들어 사용하는 것이 자율신경을 조절하는 데 가장 유리하다.

팔로스루와 왼팔의 변화 시작점

수직스윙 아크의 각도

수직스윙 아크의 각도는 오른팔, 왼팔의 변화 시작점에서 만들어진다.

스윙 아크의 각도

일반적으로 골퍼의 키에서 100cm를 뺀 길이를 각도로 전환하여 그 위치에서 백스 윙은 오른팔, 팔로스루는 왼팔을 구부리며 시작하는 것이 좋다.

> 예) 키 180cm인 골퍼 기준
> 키 180cm에서 100cm 뺀 80cm를 각도로 바꾼 80도에서 오른팔에 변화를
> 준다.

스윙 아크

초보 골퍼에게

일반적으로 처음 골프를 시작하는 골퍼에게는 한 개의 점에서 스윙을 만들기가 그다지 쉬운 일이 아니다. 그러나 이것은 실내 연습장에서 해결할 수 있다. 실내 연습장은 한 개의 점 위에서 오직 올바른 스윙만을 만들 수 있는 환경이기 때문이다.

요즘은 동네마다 헬스클럽이나 건물 안에 작은 실내 연습장이 많다. 그곳에서 실력 있는 선생님을 만나는 것은 행운이다. 여기서 실력 있는 선생님이란 단지 골프를 잘 치는 지도자만을 가리키는 말은 아니다. 잘 가르치고 진단하고 교정해 줄 수 있는 사람을 지칭하는 말이다. 좋은 선생님은 열심히 공부하고 연구하여 짧은 기간에 좋은 자세와 올바른 골프를 습득할 수 있도록 도와 준다.

실내에서 자세를 가다듬어 실외 연습장으로 나오면 그때부터 파란 그물망에 타깃이란 한 개의 목표점이 더 생긴다. 그리고 매일 하얀 천으로 된 목표물을 향해 스윙하며 볼이 맞길 원한다. 가끔 원형 안 타깃에 볼이 맞으면 골프를 다 배운 것처럼 옳고 그릇됨을 떠나 기분이 좋아지기도 한다.

'이거다' 하고 마음을 가다듬고 곧바로 다시 스윙을 하지만 볼은 하얀 목표점에서 멀어져 가기 일쑤다. 그때부터 몸은 이상하게 비틀어지기 시작한다. 머릿속은 또 다른 하나의 목표점을 향한 생각뿐이다. 몸이 뒤집히고 다리가 꼬여 무너지고 중심이란 개념이 없어진다. 이때 티칭 프로에게 레슨을 받는다면 올바른 스윙을 익히는 시간을 절약할 수 있다.

우리나라 야구 팀이 일본 팀에게 지는 이유를 골프에서도 찾을 수 있다. 야구와 골프는 스윙 자세가 가장 중요하기 때문이다. 일본 타자들은 모든 선수의 자세가 과학적으로 안정되어 있다. 오버스윙하는 선수도 없고, 왼발을 많이 드는 선수도 없으며, 허리를 많이 굽히는 선수도 없다. 하지만 우리나라 선수들의 자세는 모두다 제 각각이다.

일본은 선수들이 어릴 때부터 좋은 선생님이 제일 먼저 올바른 자세를 가르쳤고, 우리나라는 고등학교, 대학교에 가서야 선수를 선발하기 때문에 일반적으로 올바른 자세보다 개인의 기량을 보고 뽑다 보니 문제가 되는 것 같다. 다 자란 선수의 자세를 바로 잡기는 참 어렵다.

골프는 야구보다 올바른 자세가 더 요구되는 운동이다. 초보자가 처음 필드에 나가면 심리적 부담이 클 뿐만 아니라 생각만큼 되지 않는 것이 골프다. 술, 회사일, 가정사, 바람이나 비와 같은 일기, 교통, 동반자 등 핑곗거리도 항상 있다.

하지만 언제까지 핑계로 핸디캡을 조절할 것인가! 처음 배울 때부터 좋은 선생님을 만나 이왕이면 멋진 자세로 사계절 아름다운 필드를 누비길 바란다.

PART 2

물리학으로 본 골프

충격량

충격량은 헤드 스피드, 비거리와 비례한다.

충격력(F) = M x(V' - V) / T

여기서 M은 질량을 말하고 (V' - V)는 속도 변화량을 말하며, T는 시간을 말한다. 볼에 전달되는 충격량과 충격력은 구분해서 이해하여야 한다.

운동량 = 질량(클럽 헤드의 무게) × 속도(회전력)

쉽게 설명하자면 골프에서 질량은 클럽 헤드의 무게를 말하고 속도는 회전력을 말한다.

충격량 = 충격력(F) × 힘이 작용하는 시간

이때 충격력(F)은 질량(M) × 속도 변화량(V' - V) / 시간(T)이다. 따라서 클럽이 볼에 맞는 충격량은 운동량의 변화량이다.

각속도(Q) = 각도 / 시간(클럽 헤드의 진행 시간에 대한 원주의 길이)

A = rad / s2

힘 = 질량 × 가속도

▼

뉴턴의 운동 제2법칙(힘과 가속도의 법칙)

수직스윙 아크의 각도와 속도

　앞의 이론을 해석해 본다면 같은 크기의 힘으로 볼을 칠 때 스윙 속도(헤드 스피드)가 빠른 사람의 볼이 멀리 날아간다는 것인데, 이때 가장 중요한 것은 각속도(Q)이다. 스윙 리듬과 템포가 좋은 사람은 각속도의 변화량이 시간에 비례하여 그 속도(V)가 점진적으로 빨라져 클럽 헤드가 볼에 닿는 순간(임팩트) 가장 빨라진다. 또한 체형에 따라 스윙 아크의 각도가 달라지듯이 스윙 아크의 수직 각도가 클수록 스윙 속도(헤드 스피드)가 빨라진다.

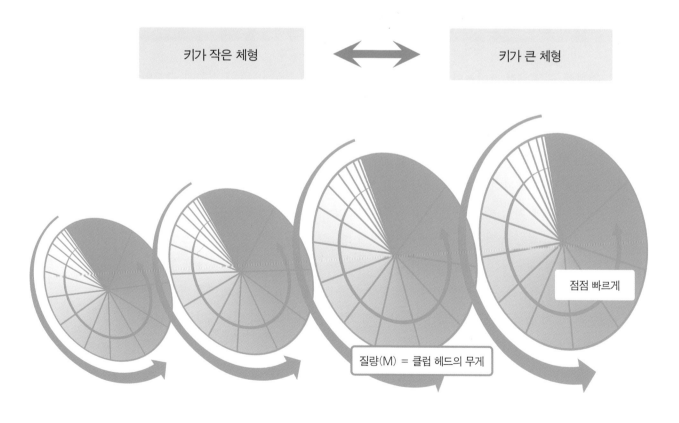

수직스윙 아크의 각도와 속도

볼이 멀리 날아가는 요인

- 스윙 아크의 크기에 비례한다.
- 스윙 아크의 수직 각도에 비례한다.
- 재료의 탄성에 비례한다.
- 샤프트의 탄성과 팔의 탄성이 같을 때 비례한다.
- 임팩트 존의 길이에 비례한다.
- 팔로스루 스피드에 비례한다.
- 솔(헤드)과 볼의 재료에 따라 변한다.
- 클럽 헤드 무게 중심 스위트 스팟(가장자리)이 정확하면 멀리 날아간다.

볼에 접근하는 클럽 헤드 각도

정확히 모든 클럽 페이스의 무게 중심인 스위트 스팟에 볼이 맞을 때 정확한 구질의 볼을 칠 수 있다. 자연의 변화에 따라 간혹 토와 힐로 볼을 치는 경우는 있지만 고난이도 스윙을 초보자가 하는 것은 올바른 연습이 아니다. 기본적으로 목표 방향과 클럽 헤드는 마주보며 수평이어야 하고 그 선상에 볼이 놓여 있을 뿐이라고 생각하면 된다.

다운스윙 중 정확한 임팩트점에서 목표 방향과 클럽 페이스를 수평으로 유지하는 요인은 체형에 따라 매우 많은 변수가 있다. 그 중 첫째는 체형에 맞는 수직 아크의 각도이며, 둘째는 몸의 중심(구심점) 변화인데, 이 2가지는 클럽 헤드의 접근 방향과 각도를 결정하는 가장 중요한 요소이다.

필자 역시 처음 골프를 배울 때나 지금도 스윙을 할 때 의도적인 임팩트를 만들지는 않는다. 그저 올바른 스윙 아크 선상에서 클럽 페이스 각도에 따라 임팩트가 일어난다고 믿고 스윙에 열정을 다할 뿐이다.

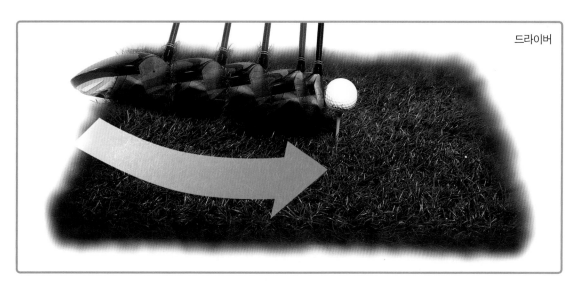

드라이버

페어웨이 우드

아이언

볼에 접근하는 클럽 헤드

02 원심력과 구심력

골프의 스윙에서는 원운동 즉 몸의 중심에서 클럽 샤프트와 팔에 작용하는 구심력만 존재한다. 임팩트 후 날아가는 볼은 원심력이 작용하지 않지만, 구심점을 중심으로 돌고 있는 클럽 헤드는 원심력이 작용한다고 이해하기 쉽게 표현할 뿐이다. 간단히 말해서 구심력의 반대 방향으로 원심력이 작용한다고 생각하면 된다.

원심력과 구심력

원심력스윙

키가 크고 날씬한 체형의 골퍼나 여성 골퍼는 원심력스윙을 많이 연습하는 것이 좋다. 그리고 구심력의 반대 방향으로 클럽 헤드를 던지는 연습을 해야 한다. 원심력스윙은 주로 허리(골반)의 근력으로 부드럽게 한다. 특히 그립을 가볍게 잡아야 원심력을 느낄 수 있다. 또한 구심점을 낮추고 허리(골반) 회전과 오른쪽 어깨를 무리하게 낮추면 탄성 변형이 커져 볼이 날아가는 거리는 증가하지만 방향과 정확성은 떨어진다.

쇼트 게임에서 클럽 헤드를 잘 떨어뜨린다는 말은 클럽 헤드의 원심력을 잘 이용한다는 것이다.

체형이 날씬한 골퍼, 특히 선천적으로 근력이 부족한 골퍼는 대근육, 가슴, 골반, 다리 근육을 이용하여 클럽 헤드를 인 → 아웃, 인 → 스트레이트, 인 → 인 방향으로 던지는 연습을 해야 한다.

원심력스윙은 주로 백스윙 톱에서 허리(골반)의 회전으로 하고, 팔과 클럽은 골반 뒤쪽 공간으로 다운스윙이 일어난다.

원심력스윙은 클럽 샤프트의 탄성 변형과 팔의 탄성 변형이 같아야 볼이 멀리 간다. 그러므로 구심력스윙보다 그립을 가볍게 잡는 것이 좋다.

원심력스윙을 하면 힘이 팔과 샤프트를 통해 클럽에 전달되는 것을 느낄 수 있다. 또한 구심점을 낮추고 허리(골반) 회전과 오른쪽 어깨를 무리하게 낮추면 탄성 변형이 커져 볼이 날아가는 거리는 증가하지만, 중심 축의 무리한 변화로 방향과 정확성이 떨어진다.

클럽 헤드가 잘 떨어진다는 말은 원심력을 잘 이용한다는 것이다.

원심력스윙의 문제점

구심력스윙

하체가 튼튼하고 폐활량이 큰 체형을 가진 골퍼가 대근육인 가슴스윙으로 팔과 클럽 샤프트에 일어나는 구심력을 이용하는 방법이다. 원심력스윙에 비하여 방향성이 좋아 미들 아이언(middle iron) 또는 쇼트 아이언(short iron)스윙에 적용하면 좋다. 구심력스윙의 장점으로는 거리와 방향성을 동시에 높일 수 있다는 것이다.

허리(골반)를 과다하게 밀어서 피니시(finish) 자세가 무너지면 구심점이 변화하여 정확성과 방향성이 떨어진다.

체형과 근력은 좋으나 키가 작은 사람(170cm 이하)이 롱 아이언(long iron)이나 스푼(3번 우드)을 사용할 때 구심력스윙을 하는 것은 좋은 방법이 아니다. 팔과 샤프트의 탄성 변형이 급격히 변화하여 악성 구질의 볼이 발생하는 요인이 되기 때문이다.

팔로스루 과정에서 골반이 빠질 때 왼쪽 다리 축(벽)이 무너지는 것은 구심점의 위치와 높이가 변하면서 일어나는 현상이다. 특히 허리(골반) 근육을 이용한 원심력스윙으로 드로 볼을 구사하는 골퍼들이 주의하여야 한다.

구심력스윙의 자세

03 스윙 아크의 각도와 크기

수직 각도와 크기

같은 길이의 골프채라면 키가 큰 사람이 아크의 크기와 각도가 큰 스윙을 만들 수 있다. 아크의 수직 각도는 다음 그림과 같이 다운스윙 경사도를 말하며, 각도(Q)가 커지면 가속도(V)가 빨라진다. 그러나 몸의 근력과 골격이 약한 사람이라면 각속도(A)가 적어 충격량이 줄어들면서 거리가 줄어든다. 골프를 규칙적으로 연습하면 팔의 근력이 좋아지고, 배도 들어가 허리 사이즈가 줄어드는데, 그러면 점점 골반 회전이 빨라져 스윙 아크의 각도가 커지고 헤드 스피드 또한 빨라지게 된다. 'PART 6 골프에 좋은 운동법'을 열심히 따라 하면 빠른 시간 안에 몸과 구질이 변화하는 것을 느끼게 될 것이다.

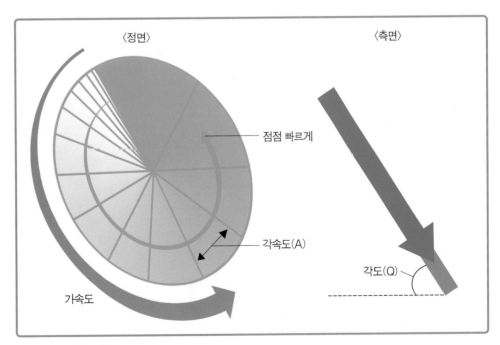

아크의 각도와 크기

백스윙 축과 벽

　자기 체형에 맞는 아크의 각도를 만들어 나가는 것은 결코 쉬운 일은 아니지만 그리 어렵지도 않다. 대근육 가슴 – 골반 – 다리 순서로 회전 각도를 이해하면 짧은 시간 안에 백스윙(back swing) 회전 중 오른팔이 구부러지는 위치와 변화를 이해하게 된다. 반대로 팔로스루 때는 왼팔이 굽혀지는 위치와 변화가 좋은 스윙 아크를 만들 수 있다. 머릿속으로 백스윙(오른팔의 움직임), 팔로스루(왼팔의 움직임)를 생각하면서 연습하는 것이 좋다.

　본인의 키에서 100cm를 뺀 나머지 길이를 각도로 바꾼 위치에서 오른팔을 굽혀 곧장 백스윙 톱까지 올리고 사진과 같이 90도로 굽힌 오른팔이 지면과 수평이 되면 체중 역시 90% 오른팔에 놓인다. 이때 클럽을 잡은 손 – 팔꿈치 – 오른쪽 엉덩이 – 오른쪽 발 뒤쪽에 수직으로 무게 중심 축이 만들어진다. 이것을 백스윙 축 또는 벽으로 생각하면 몸의 전체적인 구심점이 변화하지 않는다. 다음 다운스윙은 최대한 몸쪽에 붙여서 돌아보면 수많은 사람들이 말하는 인에서 아웃스윙이 만들어지는 것을 느낄 것이다. 참고로 드로 구질과 임팩트 구질은 원심력스윙과 구심력스윙으로 구사할 수 있지만, 다운스윙에서 대근육인 가슴 상판의 열림과 닫힘으로 만들어지는데, 이러한 대근육 변화를 일반적으로 '왼쪽 어깨가 열렸다 또는 닫혔다' 라고 표현한다.

백스윙 축과 벽

　올바른 스윙이 잘 만들어지지 않는 이유는 자율신경 때문이다. 스탠스나 백스윙이 잘못되면 다운스윙도 잘못 만들어지는 것이 우리들의 근육운동이다. 예를 들어 다운스윙 때 오른쪽 어깨가 왼팔 아래로 다운되어 회전되면 절대 헤드업은 일어나지 않는다. 주로 오른쪽 어깨가 다운되지 않고 아웃에서 인으로 돌 때 머리를 들지 않으면 왼쪽 목근육에 긴장이 일어난다. 여기서 중요한 것은 한 번 학문적으로 만들어진 스윙은 더 많은 구질의 볼을 만들 수 있고, 적은 연습량으로도 기량을 유지할 수 있다는 점이다.

언더핸드 투수처럼 오른쪽 어깨를 떨어뜨려 완벽한 다운스윙을 한다.

구심점을 축으로 한 스윙 아크의 변화

스윙 아크의 변화는 아래 사진과 같이 크게 3가지 형태로 만들어진다.

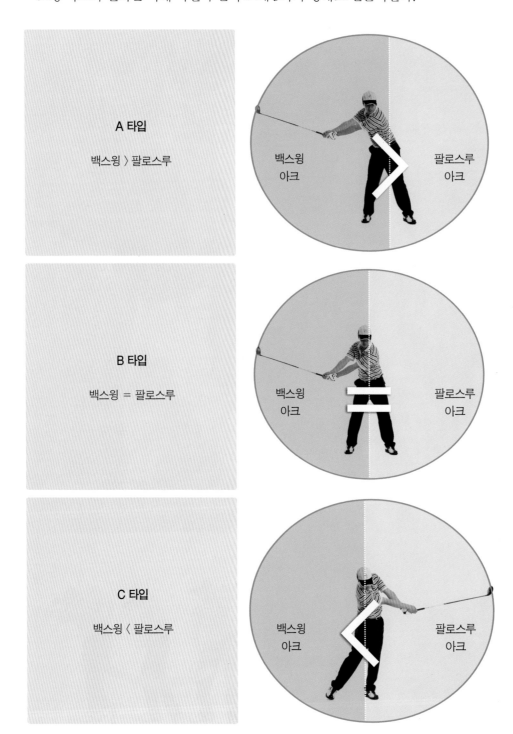

A 타입

백스윙 〉 팔로스루

백스윙 아크　　　팔로스루 아크

B 타입

백스윙 = 팔로스루

백스윙 아크　　　팔로스루 아크

C 타입

백스윙 〈 팔로스루

백스윙 아크　　　팔로스루 아크

A 타입

- 골프를 처음 시작하는 초보자에게 나타나는 현상
- 백스윙 중 몸(구심점)이 클럽 헤드를 따라가 오른쪽 옆발가락에 체중이 실릴 때
- 구심점(머리, 어깨) 높이가 변하여 낮게 스윙할 때
- 오르막 경사면에서 스윙할 때
- 나이가 많아 대근육 근력이 떨어질 때
- 원심력을 이용한 스윙을 하지 못하고 구심력에 의존하여 스윙할 때
- 골프 볼에서 머리가 너무 뒤쪽에 있을 때

B 타입

- 중급자에게 주로 나타나는 현상
- 다운스윙 중 허리(골반)를 먼저 돌려주지 못할 때
- 임팩트 순간 상체가 일어설 때
- 허리가 너무 부드러워 왼쪽 축과 벽이 무너졌을 때
- 오른손을 많이 사용하여 인위적인 손목 코킹을 할 때
- 거리보다 방향과 정확성을 요하는 쇼트 게임에서 스윙을 할 때

C 타입

- 상급자의 스윙에서 나타나는 현상
- 하체가 튼튼하고 허리(골반)가 부드러워 골반스윙을 할 때
- 팔로스루와 피니시 동작이 활 모양으로 잘 만들어질 때
- 자연 조건(바람, 그린 공략법 등)으로 펀치 샷을 할 때
- 구심점(머리, 척추)의 높이가 변하지 않고 완벽하게 오른쪽 어깨를 다운스윙 할 때
- 인에서 아웃으로 완전한 원심력스윙을 구사할 때

PART 3

재료공학으로 본 골프

샤프트

클럽 헤드   골프 볼

골프 3대 재료

골프 장비는 클럽 헤드, 샤프트, 볼, 이 3가지가 가장 중요하다. 물론 이 외에도 티, 옷, 신발, 우의 등 최근에는 보조 장비들이 많이 개발되어 있다. 이러한 장비를 만드는 소재를 재료공학적 측면에서 본다면 일반적인 지식으로는 접근하기 어렵다. 각각의 재료별로 특성이나 성분이 복잡하고 다양하므로 골프 장비를 구입하거나 골프 클럽을 피팅(fitting)할 때는 전문가에게 맡기는 것이 좋다.

샤프트와 클럽 헤드를 앞에서 언급한 운동의 법칙에 대입해 보면 다음과 같은 공식이 나온다.

> F(충격력 → 힘) = M(질량 → 헤드 무게) × A(각속도 → 헤드 스피드)
> ↓
> 샤프트, 클럽 헤드, 볼의 물리학적 관계

따라서 샤프트와 클럽 헤드는 다음과 같은 상대성을 가지고 있다.

첫째, 샤프트 길이가 길어지면 볼이 멀리 간다.
둘째, 샤프트의 탄성 변형이 커지면 헤드 스피드가 빨라져 볼이 멀리 간다.
셋째, 샤프트의 탄성 변형이 커지면 정확성이 떨어진다.
넷째, 클럽 헤드 중량(질량)이 크면 볼이 멀리 간다.

즉, 샤프트의 길이는 재료의 탄성 변형, 클럽 헤드의 무게는 스윙 속도와 비례한다.
샤프트, 클럽 헤드, 볼이라는 3가지 장비가 서로 상대성이 있는데다 인체공학에 더하여 재료공학의 최대 극한점을 찾아내는 골프 재료공학은 상당히 어렵고 많은 실험과 자본을 필요로 하므로, 골프 장비 회사에서는 많은 자본과 시간을 투자하여 신제품을 개발, 판매하고 있다.

01 샤프트 종류

　다음에 나오는 두 종류의 샤프트는 각각 탄성 변형이 다른 레귤러(regular), 에스-레귤러(s-regular), 스티프(stiff), 엑스-스티프(x-stiff) 등으로 분류되어 있다. 일반 골퍼는 레귤러 또는 에스-레귤러를 많이 사용하고, 프로 또는 팔과 손목 근력이 강한 골퍼는 스티프 또는 엑스-스티프를 사용한다.

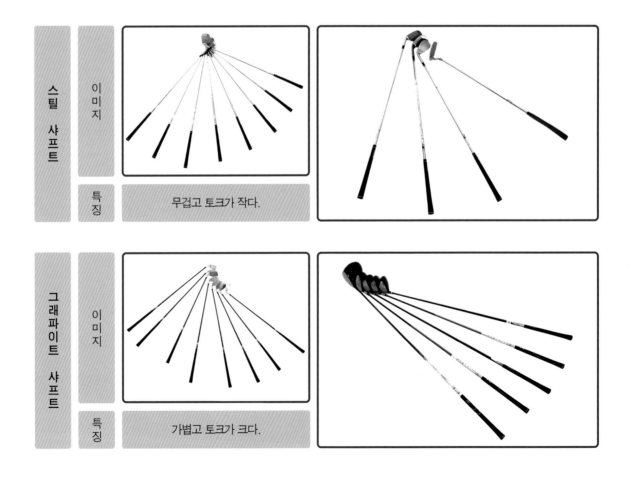

스틸 샤프트	이미지	
	특징	무겁고 토크가 작다.
그래파이트 샤프트	이미지	
	특징	가볍고 토크가 크다.

클럽 헤드 종류

볼이 잘 구르지 않는 그린에서는 퍼터 헤드가 무거운 것이 좋고 볼이 잘 구르는 그린에서는 가벼운 것이 좋다.

클럽 헤드 종류

종류	재질	최대 헤드 크기
우드 헤드	스테인리스 스틸 티타늄 주조 티타늄 단조	250~260cc 290~310cc 350~400cc
아이언	스테인리스 스틸 + 크롬 도금 단조	
퍼터 헤드	브래스 징크 스틸 망간 동 카본 스테인리스 스틸 은동 실리콘	

클럽 종류

구분		번호	명칭	제원			표준 비거리(야드)
				길이(인치)	표준 로프트	표준 라이	
우드		1	드라이버	45	10	57	220~230
		2	브래시	43.5	12	57.5	210~220
		3	스푼	43	14	57.5	200~210
		4	버피	42.5	17	58	190~200
		5	클리크	42	21	58	170~190
아이언	롱 아이언	1	드라이빙 아이언	40	15	57	190~200
		2	미들 아이언	39.5	17	57.5	180~190
		3	미들 매쉬	39	20	58	170~180
	미들 아이언	4	매쉬 아이언	38.5	23	58.5	160~170
		5	매쉬	38	26	59	150~160
		6	스페이드 매쉬	37.5	30	60	140~150
	쇼트 아이언	7	매쉬니블리크	37	34	61	130~140
		8	피쳐	36.5	38	62	120~130
		9	니블리크	36	42	63	110~120
	웨지	PW	피칭웨지	35.5	46	63.5	80~100
		PS	피칭샌드	35	51	63.5	80~90
		SW	샌드웨지	35	56	63.5	70~80
퍼터				34	5~6		

 볼

볼은 미국골프협회(USGA) 또는 영국의 로열 앤드 엔시언트 클럽 오브 세인트 앤드 류(R & A : The Royal and Ancient Golf Club of St. Andrews)에서 다음 표와 같이 공식 승인을 받은 것만 시합에서 인정한다.

볼

무게	45.93g(1.620온스)보다 가벼워야 한다.
크기	1.680인치(42.67mm)보다 커야 한다. 23도±℃
구체	대칭이어야 한다.
초속	초속 76.2m를 넘어서는 안 된다. 23도±℃ (허용 오차 2%, 스윙 스피드 120 마일)
전체 거리	초속160피트에서 비거리(carry)와 롤(roll)을 합한 결과가 최대 320야드 이상 나가서는 안 된다.
특징	티타늄 재질의 클럽 헤드를 이용한다.

볼의 딤플(dimples)은 약 350~450 딤플 또는 이중 딤플도 있다. 볼은 크게 투 피스와 쓰리 피스로 나누어져 있으나, 회사마다 기술이 다양하여 볼의 성향이 다르다.

볼의 특성

항목	투 피스볼	쓰리 피스볼
비거리	멀다	적다
스핀	작다	크다
탄도	낮다	높다
내구성	높다	낮다
느낌	딱딱하다	부드럽다
계절	봄, 여름, 가을	겨울

볼 번호색에 따른 차이

색	컴프레션	경도	사용 대상
검정색	100	딱딱하다	프로 골퍼, 상급자 골퍼
빨간색	90	보통이다	일반 골퍼
파란색	80	부드럽다	근력이 약하고 스윙 속도가 늦은 골퍼
녹색	70	매우 부드럽다	여성 골퍼

볼이 비행 탄도에 미치는 영향

① 볼의 딤플 : 딤플이 크고 깊으면 비행 탄도가 높아진다. 반대로 딤플이 작고 얕으면 비행 탄도가 낮아진다. 이는 볼이 비행하는 중 발생하는 양력의 분산으로 생기는 현상이다.

예) 아래 볼 갤로웨이와 타이틀 리스트 볼을 비교해 보자.

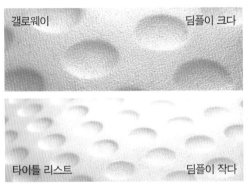

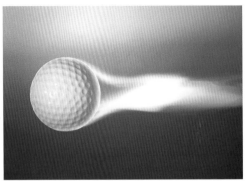

② 클럽 페이스가 볼에 부딪히는 임팩트 위치에 따라 비행 탄도는 아래와 같이 변한다.

우드

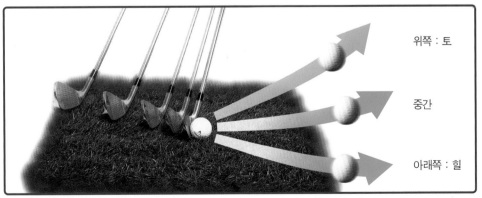

아이언

③ 어드레스 상태에서 볼이 놓인 위치에 따라 볼의 탄도가 달라진다.

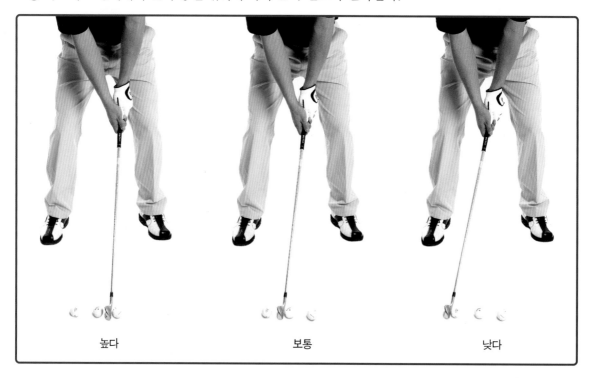

높다   보통   낮다

④ 임팩트 순간 체중이 실리는 위치(구심점)에 따라 볼의 탄도가 달라진다.

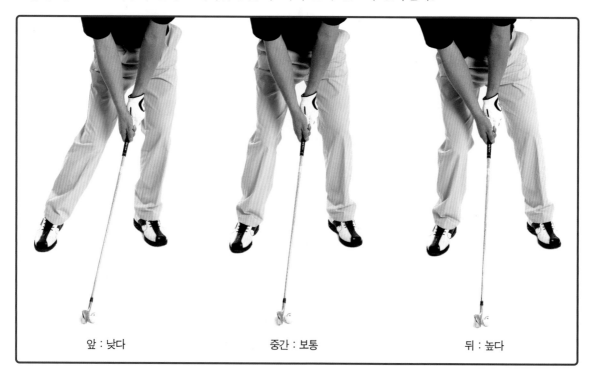

앞 : 낮다   중간 : 보통   뒤 : 높다

04 피팅

피팅은 또 다른 전문 분야이기에 여기서는 상식적인 용어만 말하고 넘어가기로 한다. 좀 더 관심이 있는 골퍼는 피팅 전문 서적을 보거나 피팅 전문가에게 배우는 것이 좋다.

피팅 시 일반적으로 다음 사항을 점검, 교정, 보완하도록 한다.

1. 스윙 웨이트
2. 클럽 전체 무게(그립, 샤프트, 헤드, 테이프 등)
3. 클럽 길이
4. 로프트각
5. 라이각
6. 샤프트의 종류, 재질, 강도, 무게 그리고 샤프트팁
7. 그립의 종류와 크기, 그립 얼라이먼트(정렬)
8. 구질 점검과 페이스각 피팅
9. 우드의 페이스각
10. 퍼터 : 길이, 라이각, 로프트각, 전체 무게(스윙 웨이트) 등

손가락 길이와 표준 그립

자기 손에 맞는 그립은 보통 손가락 길이에 맞춰 선택할 수 있지만, 'PART 1 인체공학으로 본 골프'에서도 밝혔듯이 손가락 골격, 손바닥 두께에 따라 골퍼마다 다르다.

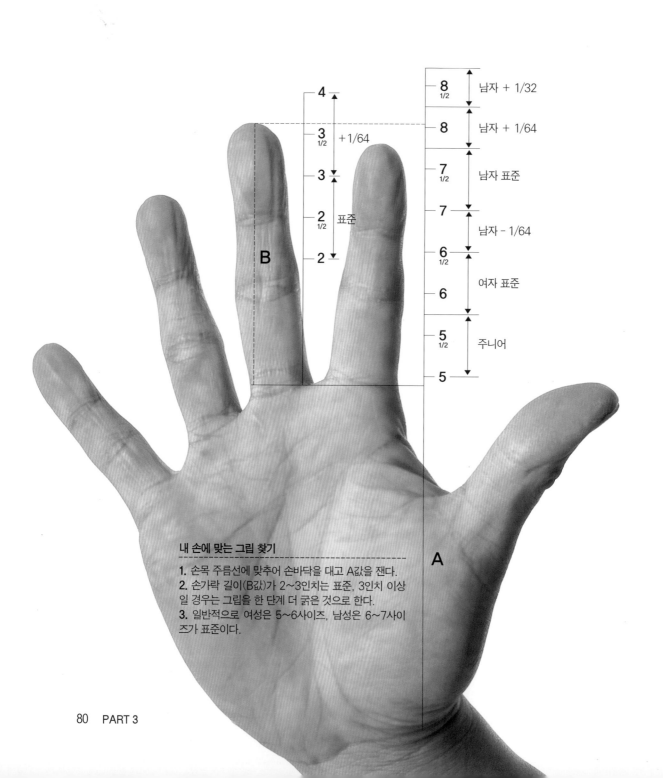

8 1/2	남자 + 1/32
8	남자 + 1/64
7 1/2	남자 표준
7	남자 - 1/64
6 1/2	여자 표준
6	
5 1/2	주니어
5	

내 손에 맞는 그립 찾기

1. 손목 주름선에 맞추어 손바닥을 대고 A값을 잰다.
2. 손가락 길이(B값)가 2~3인치는 표준, 3인치 이상일 경우는 그립을 한 단계 더 굵은 것으로 한다.
3. 일반적으로 여성은 5~6사이즈, 남성은 6~7사이즈가 표준이다.

90~100타 골퍼에게

아기가 아장아장, 비틀비틀 걸음마를 하며 세상으로 나가듯이 초보 골퍼들도 친한 친구나 주변 동반자들과 신비의 자연, 마법의 자연이 있는 필드로 나간다. 처음 필드로 나갈 때는 어릴 적 소풍 전날 밤처럼 기분이 들떠 잠도 잘 오지 않는다. 종일 연습장에서 시간을 보내느라 피곤하기도 하지만 생각이 많다.

필자도 그랬지만 처음 머리 올리러 가는 골퍼가 라운딩 시간에 늦었다는 이야기는 들어보지 못했다. 너무 일찍 도착하여 주변을 어슬렁어슬렁 구경하는 골퍼는 가끔 보인다. 시간이 남으면 화장실에 들러 용변을 보는 것이 좋다. 장과 방광을 비우면 마음과 몸도 가벼워진다.

퍼팅이 끝나고 홀과 홀 사이를 갈 때는 오른쪽 발에 체중을 싣고 걸어서 이동하는 연습을 해보기 바란다. 페어웨이 잔디가 상하지 않게 올바른 걸음걸이로 연속 어드레스하는 법을 익혀야 한다. 골퍼의 시간 관념은 경기 룰에도 적용되지만, 함께하는 동반자에게도 중요한 영향을 미친다. 한 점의 스윙이 모여 한 홀이 되고 한 홀이 18번 모여 18홀이 되므로 처음부터 한 홀, 한 홀에 신경을 써서 18홀 전체 리듬을 잘 유지하는 것이 중요하다. 18홀을 처리하는 동안 처음 필드를 걸을 때처럼 가볍게 걸을 수 있는 골퍼라면 연습장에서 몇 날을 연습한 성과보다 더 좋은 결과를 얻을 것이다.

자연으로 들어가 걷는 법을 배웠으니, 이제 볼이 놓인 위치에서 몸을 가다듬고 셋업하여 바로 서서 역 K자형과 Y자형 중 본인이 연습한 방법으로 구심점을 만들어 볼을 보내고자 하는 위치까지 선(방향)을 그어 보자. 이때 언제나 머릿속에 가상선(방향)을 기억하는 습관을 들여야 한다. 눈에 보이지 않은 선(방향)은 앞으로 수없이 많은 곳에 적용되어 면과 도형을 만들어 나아갈 것이다.

처음에는 드넓은 필드에서 가상선을 만들기 힘들지만 원하고 보내야 할 곳이 있다면 우리 뇌는 자연적으로 방향을 제시한다. 반복하면 점과 점을 연결하는 가상의 선(방향)이 눈에 보이게 될 것이다. 점과 점(거리), 선(방향)이 설정되었다면 이제 추상적인 '정확히'란 단어를 유념해야 한다. 필자는 골프에 '정확'이란 단어보다 '좀 더 가까이'란 단어를 쓰고 싶다. 90~100타 골퍼에게 정확성이란 정말 추상적이고 관념적이기 때문이다. 총을 사용하는 것도 아니고 손에 막대기(클럽) 하나 들고 조그만 골프 볼을 가상의 선을 지나 원하는 지점으로 보낼 수 있겠는가?

누구도 하기 힘든 일이니 이제부터는 가벼운 마음으로 본인이 만든 가상의 선과 점에 볼을 좀 더 가까이 보내기 바라면서 스윙해 보라. 볼이 선과 점에서 멀어질 때마다 'PART 4 레인보우 골프'에 기록한 내용 중 본인은 무엇에 문제가 있는지 생각한 후 연습과 교정을 하고 'PART 6 골프에 좋은 운동법'을 갈고 닦아 보자. '레인보우 골프'는 골퍼가 만든 가상의 선과 점에 볼을 가장 가까이 보낼 수 있게 해 줄 것이다.

PART 4

레인보우 골프

많은 아마추어들이 연습장에서는 볼이 잘 맞았는데, 필드만 나가면 생각과 다른 방향으로 볼이 날아가 버리는 것을 보고 받아들일 수 없는 표정을 짓곤 한다. 가끔 자아도취에 빠져 있는 골퍼도 있기는 하다.

우리 삶이 그러하듯 골프 또한 희로애락으로 가득 찬다. 볼이 생각지 않은 방향으로 가면 스트레스를 받기도 하고, 이해할 수 없는 표정을 지으며 다음 스윙 때는 방향도 바꿔보고 자세를 비틀어 보기도 하고, 손을 써 보기도 한다. 하지만 생각하면 할수록 볼의 구질과 방향은 자꾸만 원하는 데

서 멀어져만 가고, 아쉬운 마음으로 볼이 사라져 버린 하늘을 마냥 바라보게 된다. 그 원인을 대부분 책에서는 지형과 날씨가 요인이라 서술하고 있으며, 끝없는 연습만이 문제를 해결할 수 있다고 한다. 틀린 말은 아니다.

사람은 죽는 날까지 잠자는 시간을 빼면 대부분 시간을 걸어다닌다. 어머니가 기어다니는 아기를 일으켜 세우려고 얼마나 많은 주의를 하며 걸음을 연습시키는지 생각해 보자.

어머니의 노력으로 결국 아기는 무엇인가를 잡고 일어선다. 그것이 문이든 벽이든 본능적으로 다가가 물체를 이용하여 중심을 잡는다. 그렇게 아기는 방안에서 기어다니는 시간들을 보내고 마침내 문을 열고 넓은 세상을 향해 힘찬 발걸음을 내딛게 된다.

하지만 세상살이가 그리 쉽지 않듯 골프 역시 마찬가지다. 우리가 길을 가면서 방향과 몸의 중심을 의식하고 걸어가지 않듯이 골프 또한 마찬가지다. 'PART 1 인체공학으로 본 골프'에서 말했듯이 우리 내면에 있는 자율신경이 알아서 뇌의 지시에 따라 움직이게 한다.

그럼 이제 연습장(방) 환경을 살펴보자. 사각으로 처진 푸른 그물망과 벽, 기둥, 건물 등 수많은 인위적인 물체들이 방향을 설정해 준다. 이미 설정된 공간 속에서 우리 몸은 원심력과 구심력에 잘 적응한다. 그러나 필드라는 열린 공간과 경쟁 속에서는 방향 설정보다 피니시(바로 서기) 자체를 잘하지 못한다. 바로 서지도 못하는데, 어떻게 앞으로 걸어 가겠는가!

필자는 'PART 4 레인보우 골프'를 통해 열린 공간에서 골퍼가 바로 설 수 있는 방법을 제시할 뿐이다. 걸어서 드넓은 자연 속으로 힘찬 발걸음을 내딛는 것은 여러분의 몫이다. 올바로 서지도 못하는 상태에서 정확한 거리와 방향으로 볼을 보내기 원하는 것은 무리다. 그냥 현실을 받아들여야만 그나마 닭장 선수라는 말을 듣지 않을 것이다.

연습장

O. B. 난볼

필드에서 오비(O. B.)난 볼과 하늘을 쳐다 본다

티 박스에서 톱 볼 또는 뒤땅을 쳤을 때

TIC

필드에 나가서 다양한 지형과 날씨는 고려하지 않고 자신감만으로 클럽을 휘두른다면 골프 스윙을 하는 것이 아니라 단순히 클럽으로 볼을 때리는 것과 같다.

그러면 볼은 골퍼의 눈에 보이지 않는 곳으로 사라져 버리든가(O. B.), 턱 밑에 그대로 있을지도 모른다. 초보자라 하더라도 턱 밑에 있는 볼을 보며 여유롭게 스윙을 다시 시작하면 볼이 그나마 앞으로 날아간다. 이 사실을 아는 순간부터 골프가 즐거운 운동이 될 것이다.

프로선수와 싱글 그리고 아마추어의 차이는 생각과 연습량에 있다. 연습량은 개개인의 생활 여건에 따라 달라지겠지만, 어떤 생각으로 반복 연습을 하느냐에 따라 결과는 엄청나게 차이 난다.

결론적으로 공부(티칭), 연습, 경험을 많이 하는 것이 턱 밑에 있는 볼을 원하는 방향과 위치로 보낼 수 있는 유일한 방법이다. 시간과 경제적 여건이 여의치 않다면 우선 책과 수많은 골프 사이트를 찾아보기 바란다. 독학이라도 하여 바로 서서 스윙을 하다보면 머지않아 당신은 클럽하우스 골프 숍에 들러 취향에 맞는 이름, 색깔, 특성을 가진 볼을 비싼 돈을 지불하고 사게 될 것이다. 그리고 아름다운 조경이 있고 잘 관리된 푸른 잔디 티 박스 위에서 힘차게 스윙하며 라운딩 그린에 첫발을 디디고 마지막 18홀까지 그 볼을 사용하게 될 것이다. 처음 필드에서 즐거움을 맛본다면 마지막 퍼팅을 끝낸 볼을 분명 소중하게 고이 간직하게 될 것이다.

인생과 골프스윙

인생		골프
⬇		⬇
태반, 단전 호흡		손목 · 팔스윙
⬇		⬇
배 호흡		가슴스윙
⬇		⬇
가슴 호흡		허리 · 골반스윙
⬇		⬇
목 호흡		오른발 · 대퇴부스윙
⬇		⬇
사망		좋은 샷

스윙 호흡법

1	어드레스
	⬇
2	그립
	⬇
3	생각 점검
	⬇
4	아랫배를 넣으면서 숨을 내쉰다.
	⬇
5	숨을 마시면서 골반과 클럽을 백(back)한다.
	⬇
6	백 톱(back top)에서 오른손 엄지손가락에 헤드 무게가 느껴지면 숨을 내쉬면서 피니시까지 스윙한다.
	⬇
7	피니시 후 숨을 들이쉰다.

틀린 어드레스 자세

올바른 어드레스 자세

01 어드레스

무엇이든 할 수 있다는 자신감을 가질 만한 완벽한 자세는 훗날 어려운 상황 속에서도 단 한 번의 스윙으로 모든 상황을 반전시킬 수 있다. 'PART 1 인체공학으로 본 골프'의 '근육과 뼈'에서 말했듯이 골프에는 골격, 근력, 체형에 따라 역 K자형 어드레스와 Y자형 어드레스가 있다. 2가지 모두 장점과 단점이 있으므로 자연과 지형, 코스 공략에 따라 2가지 자세 중 장점을 잘 응용한 스윙을 하면 만족할 만한 결과를 얻을 수 있다.

아래 사진의 2가지 어드레스 자세의 공통점은 어깨선, 골반선, 무릎선이 목표선을 가리킨다는 것이다.

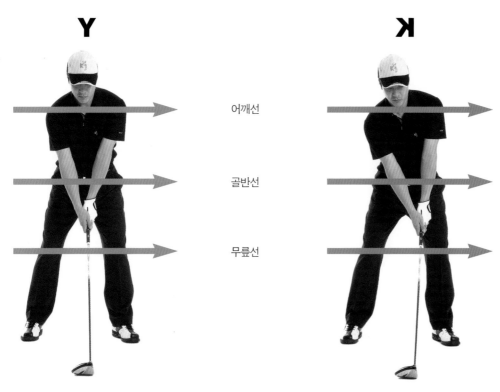

어드레스 자세

사진과 같이 왼쪽 어깨선이 목표 방향을 향해야 한다는 말은 왼쪽 어깨와 골반을 열지 말고 아주 조금 백스윙쪽으로 돌려 목표와 볼을 왼쪽 어깨 위에 등진다는 느낌으로 어드레스하라는 것이다.

어깨선

목표 지점

어드레스 들어가는 반복 연습법

어드레스 들어가는 방법(계산 방법)

$L = 3.14 \times D \times 1/4(2R=D)$

$\quad = 3.14 \times 2R \times 1/4$

$L = 3.14 \times R/2$

$R = 2 \times L/3.14 = $ 약 1.3369m(볼에서 앞발까지 떨어진 거리)

스탠스

스탠스의 폭에 관해서는 여러 가지 이론이 있지만 정답은 없다. 같은 클럽을 사용해도 지형, 온도, 기후에 따라 스탠스 폭이 달라져야 하기 때문이다. 초보자는 그냥 평지 연습장에서 롱 우드, 롱 아이언, 미들 아이언 3가지로 분리하여 연습하는 것이 좋다.

아이언	스탠스 폭
쇼트 아이언	어깨너비만큼 벌린다.
미들 아이언	어깨너비에서 오른발을 반쪽만 더 벌린다.
우드, 롱 아이언	어깨너비가 완전히 스탠스 폭 안에 있으면 된다.

스탠스는 항상 왼발 먼저 위치를 잡고 오른발로 셋업(보폭 결정)하는 습관을 길러두는 것이 좋다. 그 이유는 왼발 위치를 변경하면 방향이 변할 확률이 높고, 체중이 왼발에 실려 모든 골반이 열리는 경향이 많기 때문이다. 이러한 나쁜 습관은 자율신경을 자극시켜 스윙 템포를 빠르게 하는 요인이 된다.

스탠스 발 모양

95

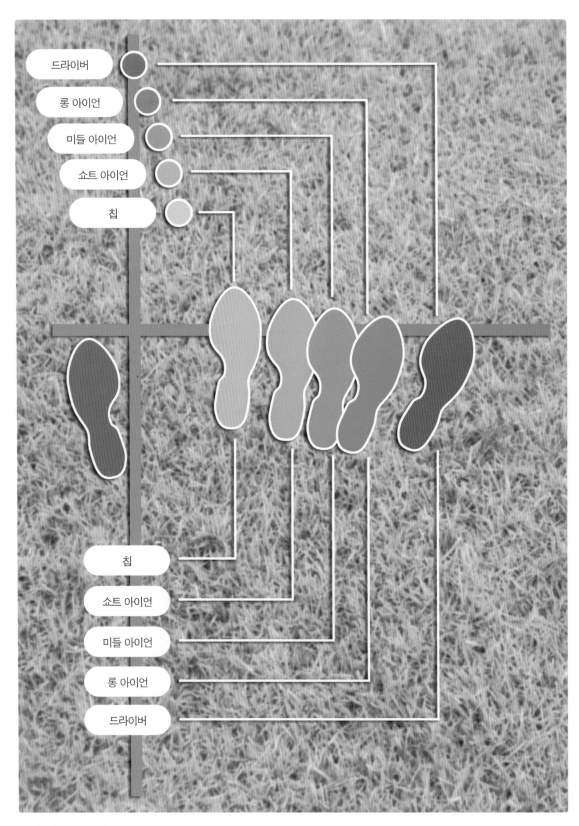

드라이버

롱 아이언

미들 아이언

쇼트 아이언

칩

칩

쇼트 아이언

미들 아이언

롱 아이언

드라이버

스탠스와 볼의 위치

볼의 크기는 420mm이고 클럽의 표준 길이는 0.5인치씩 늘어난다. 따라서 클럽을 골퍼의 스탠스 중심선에 두고, 클럽에서 좌우 볼 1/2씩 대각선으로 움직이면 된다.

볼(420×8)/2 = 1680mm

클럽 8×127mm(0.5인치) = 1016mm

1680mm - 1016mm = 644mm(스탠스 폭에 따른 구심점의 변화)

▶ 필드에서 볼이 놓인 자연현상에 따라 볼 위치는 변경해야 한다.

볼의 위치

체중 분배

클럽 종류	초급자	중급자	상급자
발 좌우	좌, 우	좌, 우	좌, 우
쇼트 아이언	40, 60	50, 50	60, 40
미들 아이언	30, 70	40, 60	50, 50
롱 아이언, 우드	20, 80	30, 70	40, 60
드라이버	20, 80	20, 80	40, 60

스탠스를 하고 체중 분배를 끝내면 척추를 펴고 바로 서서 명치에서 배꼽 아래 단전까지 숨을 내쉬면서 등쪽으로 배를 넣으면 자율신경의 작동으로 무릎에 힘이 들어가면서 다리 내골, 경골 근육이 긴장되어 무릎이 살짝 굽혀질 것이다. 엉덩이 또한 살짝 빠져 사진과 같은 어드레스 자세가 나올 것이다.

주먹 하나 들어갈 공간

어드레스 자세

쇼트 게임이나 퍼팅은 무릎을 안쪽으로 모으면 좋으나, 우드 또는 롱 아이언을 이용
한 스윙은 무릎을 바깥쪽으로 약간 열어 주어야 회전 운동을 할 때 하체가 무너지지
않는다.

모아 준다   중간   열어 준다

경사면에서 어드레스와 스탠스 폭

경사도	스탠스 폭 조절	왼발 각도	설명 그림
5도	+10cm	25도	25도 / 어깨너비 +10cm
10도	+12.5cm	30도	30도 / 어깨너비 +12.5cm
15도	+15cm	35도	35도 / 어깨너비 +15cm
20도	+17.5cm	40도	40도 / 어깨너비 +17.5cm
25도	+20cm	45도	45도 / 어깨너비 +20cm
30도	+22.5cm	50도	50도 / 어깨너비 +22.5cm
50도	+25cm	70도	70도 / 어깨너비 +25cm

다양한 경사면에서 체중은 자연적으로 이동되지만 스탠스 폭과 스윙 근육은 골퍼가 선택하여야 한다. 주로 초보자가 경사면에서 어려움에 처하는 이유는 두 가지다. 바로 서지 못해 원심력과 구심력에 의하여 중심을 잃어버리고 타점이 정확하지 않기 때문이다. 앞에서 본 표와 같이 경사면에 따라 스탠스 폭을 조절하면 허리(골반) 대근육이 자율적으로 통제되어 가슴스윙으로 임팩트가 일어난다. 인체의 허리(골반)는 보폭이 넓어지면 그만큼 조절된다. 이러한 방법을 적용해 본다면 분명 어려운 경사면에서도 만족할 만한 스윙을 만들 수 있을 것이다. 경사 각도에 따른 클럽 선택과 그립 잡는 방법은 다음에 나오는 '그립'을 참고하기 바란다.

평지와 경사면 그립

02 그립

많은 골프 책에서 '그립은 정말 중요하다' 라고 항상 강조한다. 연습장에서 티칭 프로 또한 강조한다. 수많은 골프 서적을 보면 서술하는 방식이 조금씩 다를 뿐이지 왼쪽 손가락 관절이 2개에서 4개까지 보여야 한다는 내용은 동일하다. 이 또한 틀린 말은 아니다. 단지 포괄적이고 관념적일 뿐이다.

처음 골프를 시작하는 사람은 왼쪽 손목을 돌려 잡기도 하지만 자꾸만 오른팔이 왼팔 위로 올라온다. 벌써 초보자도 오른쪽에서 왼쪽으로 골프 채를 휘두른다는 사실을 알고 있다는 것이다. 그것은 모든 골반과 근육을 전진 형태로 취하게 되어 평소에 사용하던 오른팔이 우선시되기 때문에 왼팔 위로 자꾸만 올라오는 현상이다. 올바른 그립으로 대근육이 자꾸만 비틀어져 스윙도 하기 전에 몸이 이상하게 꼬여 있는 모습을 연습장에서 자주 볼 수 있는데, 평소 쓰지 않던 근육들을 길들이는 방법을 숙지하지 않은 채 차근차근 단계를 거치지 않고 스윙하면 갈수록 얻는 것보다 잃는 것이 더 많아질 것이다.

그립의 중요성은 다음과 같다.

그립의 중요성

1	인체와 다른 재질인 클럽을 연결하는 고리 역할을 한다.

2	왼손과 오른손의 겹이음 길이가 길어지면 또 하나의 재질이 만들어진다.

3	왼손 엄지손가락을 밀어 길게 잡으면 백 톱에서 클럽 헤드의 무게로 왼쪽 손목이 꺾이고, 오버스윙이 일어나며, 톱에서 클럽 헤드가 흔들려 임팩트 때 스위트 스팟이 정확하지 않게 되는 큰 원인이 된다. 백 톱을 안정시키는 방법으로는 롱 섬, 미들 섬, 쇼트 섬(왼손 엄지손가락을 당겨잡는 법) 중 그립에서 왼손 엄지손가락을 지긋이 잡아당겨 짧게 잡는 쇼트 섬이 좋다.

4	짧은 거리 방향을 중요시하는 쇼트 게임과 쇼트 아이언 샷은 그립을 내려잡는 것이 거리와 방향성의 정확도를 높이는 방법이다.

5	역 K자형 어드레스를 취하는 골퍼는 왼쪽 손가락 관절이 1, 2개 보이는 것이 좋으며, Y자형 어드레스를 취하는 골퍼는 왼쪽 손가락 관절이 3, 4개 보이는 것이 좋다.

그립의 종류

내추럴 그립(natural grip)

주로 과체중이고 허리가 굵으며 골반 회전이 대체로 부드럽지 않은 동양형 체형을 가진 남성이 많이 잡는다. 또한 야구선수와 배구선수, 역도선수처럼 팔과 상체 근육을 많이 이용해야 하는 그립으로, 키가 170cm 이하인 사람들이 많이 잡는다. 단점으로는 짧은 시간에 실력이 향상되지만, 싱글 후반 75~80타수에서 정지하는 경향이 많다.

야구 방망이를 잡듯이 잡는다.

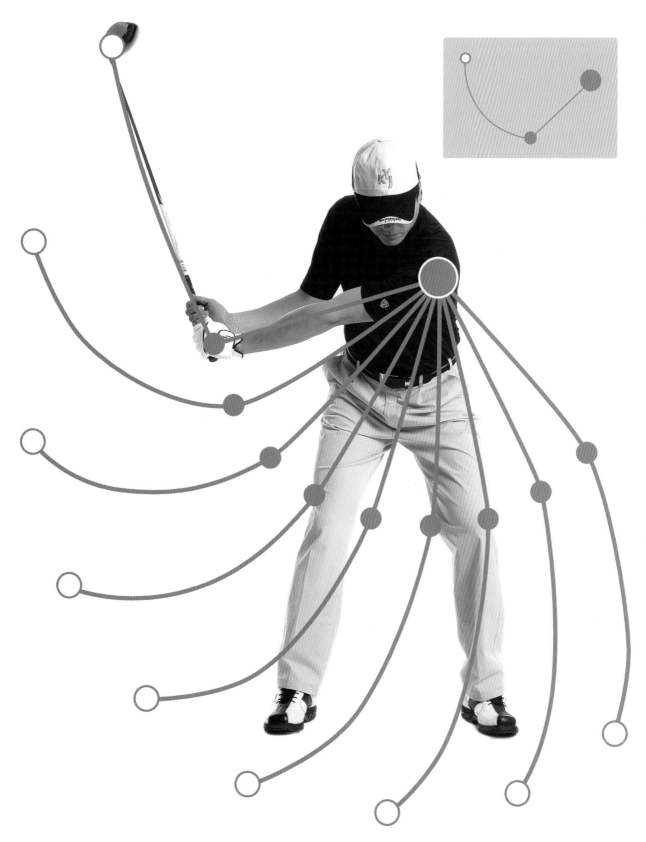

내추럴 그립과 탄성 변형

인터로킹 그립(interlocking grip)

주로 손과 팔의 근력이 약한 여성들에게 좋은 그립이지만 남녀 공통으로 키가 크고 하체가 상체보다 약한 체형에 적합하다. 어드레스 방법의 2가지 알파벳 형식 중 Y자형 어드레스를 해야 팔과 채의 탄성 변형을 최대한 가깝게 만들 수 있다. 백스윙 때 그립에 힘을 완전히 빼고 팔이 채를 리드하는 것이 좋다. 인터로킹 그립은 5가지 근육을 골고루 사용하여 스윙하는 방식으로 특히 팔과 채의 탄성 변형을 최대한 이용하면 좋은 결과를 얻을 수 있다. 사진과 같이 오른손 엄지손가락과 집게손가락으로 그립을 잡고 힘이 들어간 상태에서 다운스윙을 할 때 인위적인 손목 코킹이 일어나 아크 각도가 변하는 원인과 팔과 채의 탄성을 변화시키는 원인이 된다.

왼쪽 집게손가락과 오른쪽 새끼손가락을 결합한다.

인터로킹 그립과 탄성 변형

오버래핑 그립(overlapping grip)

　가장 많이 사용하는 그립으로 하체가 상체보다 짧고 다리 근육이 튼튼한 동양인 체형에 손의 근력이 강한 남성들에게 적합하다. 어드레스 형식은 역 K자이며, 볼보다 손이 앞쪽에 위치하여 다운스윙 중 가슴과 팔 근육을 많이 사용하는 그립으로 특히 폐활량이 크고 가슴이 두꺼운 체형의 가슴스윙(다리 턴)으로 임팩트점에서 충격량이 극대화되고 임팩트 후 헤드 스피드(head speed)가 빨라 파워스윙(power swing)을 하는 데 유리하다.

왼쪽 집게손가락 위에 오른쪽
새끼손가락을 올려놓는다.

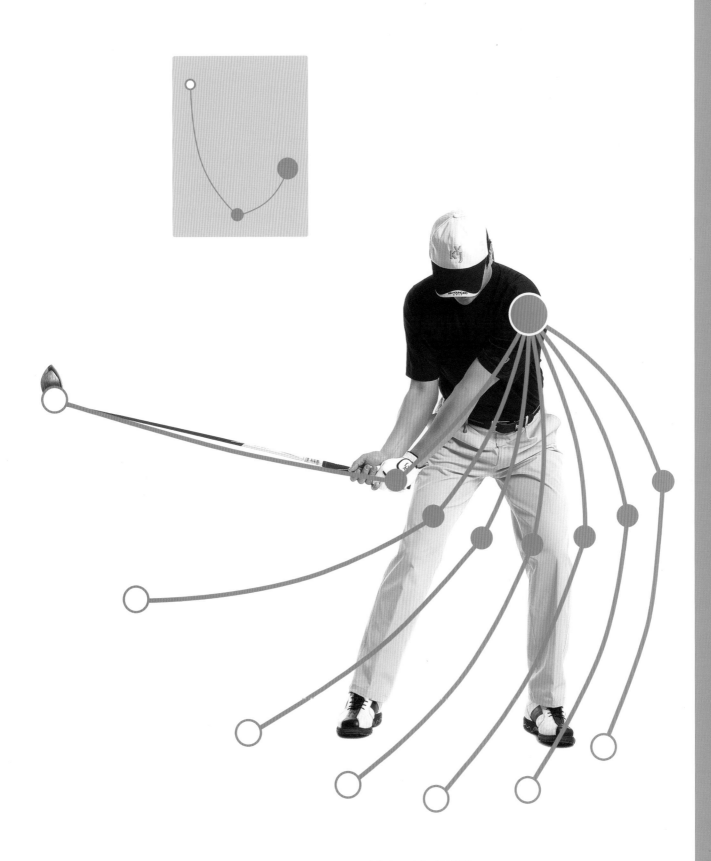

오버래핑 그립과 탄성 변형

손바닥 위치에 따른 그립 종류

핑거 그립(finger grip)

손가락으로 그립 인장부(아래쪽)를 잡아 손목이 긴장되지 않는 그립으로 왜글 (waggle : 클럽에 탄력을 붙이는 동작. 백스윙을 하기 전에 손목만으로 가볍게 클럽을 흔들어 굳어 있는 근육을 부드럽게 하는 운동) 효과가 크고 헤드 무게를 잘 느낄 수 있다. 손이 작고 통통한 골퍼에게 좋은 그립이다.

팜 그립(palm grip)

손바닥으로 잡는 방법으로 손가락에 힘이 부족하거나 손이 크고 손바닥에 살이 없어 그립 아래쪽 인장부에 힘이 잘 전달되지 않는 골퍼에게 유용한 그립이다.

핑거 그립

팜 그립

오른손과 왼손으로 잡는 방법에 따른 그립

스퀘어 그립(square grip)

양손이 마주 보는 그립으로 가장 일반적이다.

스트롱 그립(strong grip)

Y자형 어드레스를 하는 골퍼에게 적합하며 왼쪽 손등과 손마디가 2개 이상 보이는 그립으로 키가 크고 하체가 약한 골퍼에게 좋다.

위크 그립(weak grip)

왼쪽 손등과 손마디가 2개 이하로 보이며 왼손이 열려 있는 그립으로 슬라이스 볼이 잘 발생한다. 그러나 임팩트 후 인위적인 손목 코킹을 사용하는 골퍼에게는 좋은 그립이다.

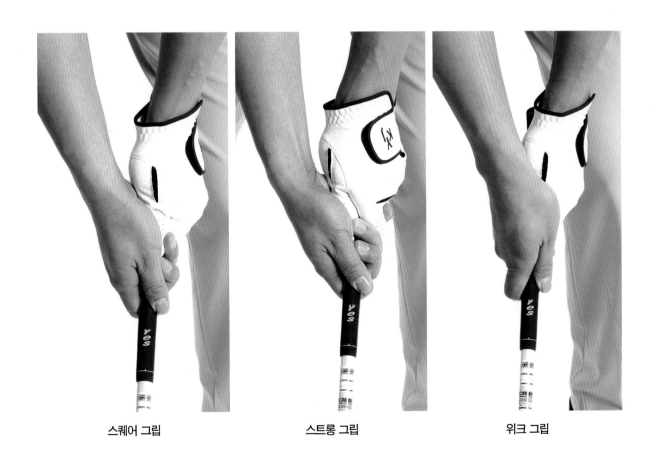

스퀘어 그립   스트롱 그립   위크 그립

왼손 엄지손가락으로 잡는 방법에 따른 그립

쇼트 섬(short thumb)

왼손 엄지손가락을 짧게 당겨서 잡는 방법으로 키가 작고 하체가 탄탄한 골퍼에게
좋으며, 최대한 그립 압축면을 잡지 않고 페이드 볼을 만들어내는 데 유리하다.

미들 섬(middle thumb)

주로 역 K자형 어드레스를 하는 골퍼나 왼손 엄지손가락이 긴 골퍼에게 적합하며,
체구가 크고 파워스윙에 좋은 그립이다.

롱 섬(long thumb)

힘이 없고 근력이 떨어지는 여성 골퍼나 Y자형 어드레스를 하는 골퍼에게 맞는 그
립으로 팔과 샤프트의 탄성을 최대로 활용하는 스윙에 유리하다.

| 쇼트 섬 | 미들 섬 | 롱 섬 |

단계별 그립 접근 방법

초급자 그립 잡는 방법

오른팔이 왼팔보다 앞으로 나와 있고
팔 근육이 굳어 있다.

오른팔을 굽혀 왼팔 아래에 둔다.

오른팔 안쪽이 앞면을 보게 한다.

오른팔을 당겨 오른쪽 가슴 아래 가까이 둔다.

중급자 그립 잡는 방법

오른쪽 손목을 반시계 방향으로 돌린다.
왼쪽 손목을 시계 방향으로 지긋이 돌려 내린다.

상급자 그립 잡는 방법

오른쪽 팔을 몸에서 떨어트려 자유롭게 한다.
오른쪽 손목을 완전히 반시계 방향으로 돌려 잡는다.

그립잡는 손의 압력 익히기 : 손의 압력을 피아노 건반을 응용하여 잡고 상황에 맞는 리듬을 가지고 스윙한다.

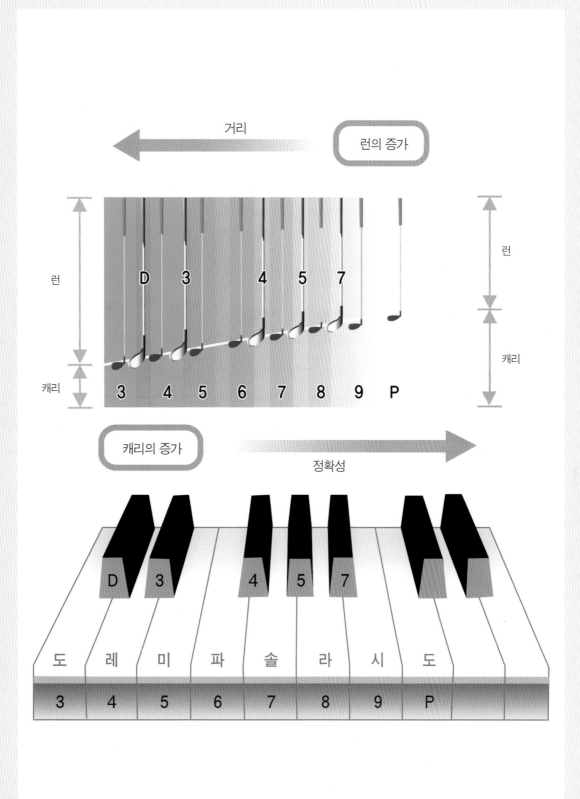

그립의 압력도 : 노래하는 느낌으로 음계에 맞추어 클럽을 잡아 보자.

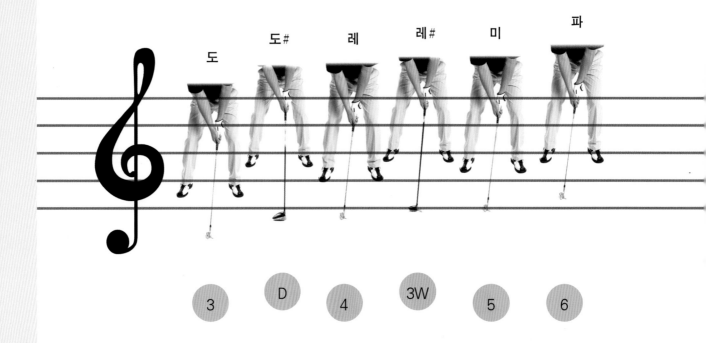

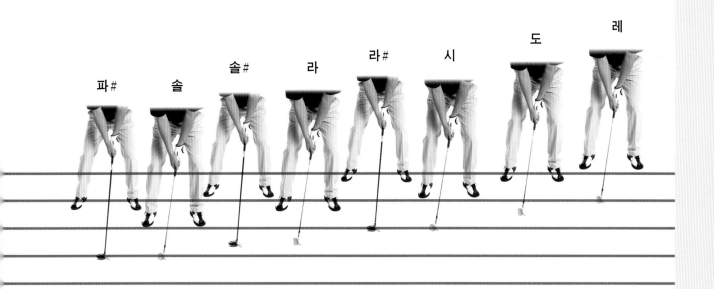

스윙 웨이트와 음계

    스윙 웨이트는 샤프트 강도와 밀접한 관계가 있다. 그러나 이러한 전문적인 지식을 골퍼가 습득하기에는 많은 시간과 노력이 필요하다. 설사 열심히 공부하여 알고 있다 하여도 필드에서 스윙하는 골퍼에게 전달하기도 매우 힘들다.

    필자는 이러한 점을 고려하여 골퍼가 가장 알기 쉽도록 스윙 웨이트를 음계로 풀어 놓았다. 누구나 학창 시절 음악 시간에 악보를 보거나 악기를 다루어 본 경험을 떠올리면 쉽게 이해될 것이라 생각한다.

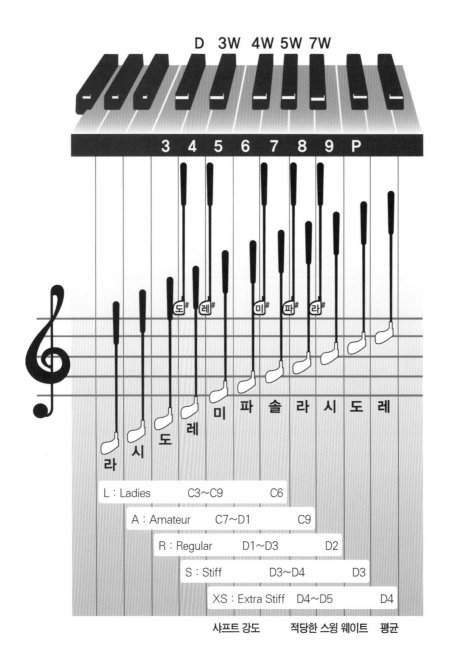

샤프트 강도		적당한 스윙 웨이트	평균
L : Ladies		C3~C9	C6
A : Amateur		C7~D1	C9
R : Regular		D1~D3	D2
S : Stiff		D3~D4	D3
XS : Extra Stiff		D4~D5	D4

그립의 압축면과 인장면

스윙을 하는 도중 클럽 샤프트는 인장면과 압축면으로 분리되어 작용한다. 재료에 따라 더 크게 인장이 일어나기도 하고 강한 스틸체는 작게 일어나기도 한다.

이때 그립 또한 샤프트의 연장선상에서 변형이 일어난다. 그립의 아래쪽은 인장면, 위쪽은 압축면으로 재료의 밀도가 순간 상승하고, 이러한 현상으로 궤도(원운동)가 만들어진다. 그립의 인장면을 손가락으로 최대한 강하게 잡고 압축면을 느슨하게 잡아야만 원하는 방향과 거리를 얻을 수 있다.

음계에 맞추어 그립 잡는 연습법

처음에는 7번 아이언(음계의 솔과 같음)을 기준으로 그립을 잡고, 7번보다 짧은 클럽은 강하게 높은 '도'까지 잡아보고, 7번보다 긴 클럽은 낮은 '도'까지 약하게 잡는 3가지 방법으로 연습해 보자. 아마 연습은 가장 적게 하면서도 다양한 음계에 맞추어 그립을 잡게 될 것이다. 그 후에는 다양한 음색으로 변화하는 자연 속에서 자신만의 음색을 만들어 내게 될 것이다.

약하게 잡는다	←	솔	→	강하게 잡는다

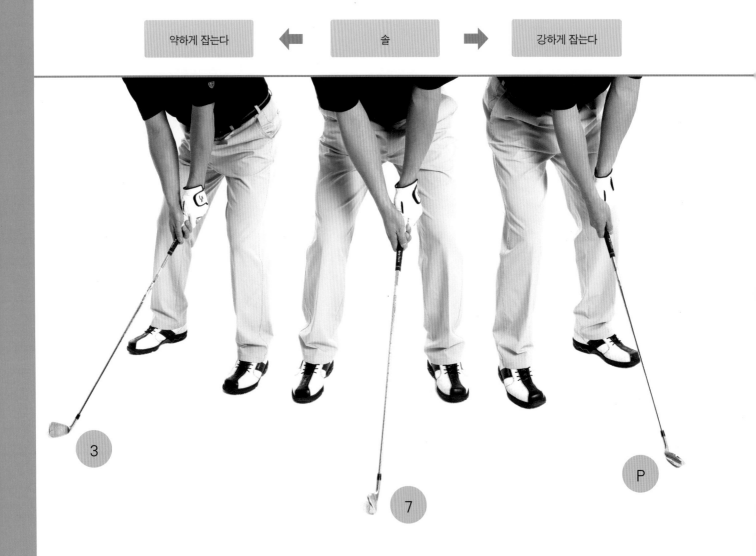

점검과 셋업

에임	점검	셋업

'생각하고 최종 점검하는 시간을 뜻하는 단어다'

점검과 셋업(set-up : 생각)은 동시에 일어난다. 즉, 셋업하는 과정에 생각한다. 여기서 말하는 생각과 점검은 그립을 잡기 전부터 시작된다.

점검

그립을 잡기 전 점검(생각)	그립을 잡은 후 점검(생각)
● 이동 중에 눈, 피부, 간상세포, 원추세포, 말초신경을 통한 정보 수집 ● 기후, 지형, 코스 형태, 거리, 바람 등 모든 정보를 정리하여 볼의 구질(드로, 페이드), 원하는 방향과 위치를 정함	● 인체공학적 요소 점검(호흡, 근육 사용, 스윙 아크 등)

어깨선, 골반선, 스탠스 방향, 그립을 잡는 위치, 그립을 잡는 힘, 왜글 등 짧은 시간에 많은 것을 점검하기 위해서는 평소 자신만의 순서로 생각하는 습관을 길러야 한다.

많은 골프 서적마다 반복되는 에임(aim), 셋업 중 잘 생각나지 않는 것만 골라 순서를 정하라. 그다음으로는 순서대로 생각하고 마지막 순간에 아랫배를 집어넣으면서 호흡하며 자신 있게 골반을 돌려 백스윙을 하라. 백스윙이 시작된 후 잘못된 생각이 들면 그립을 풀고 스윙을 멈추라. 짧은 시간에 그 많은 생각을 어떻게 히느냐고 반문하고 싶겠지만, 연습을 해 보면 지금보다 더 많은 생각을 하기 원하게 될 것이다.

종종 TV를 통해 프로선수들이 셋업 과정에서 그립을 풀고 다시 처음부터 시작하는 장면을 자주 볼 수 있다. 그것은 점검과 생각 단계에서 선수의 자율신경을 조절할 수 없는 요인이 발생했기 때문이다.

다음 사진은 백스윙 전 셋업을 풀어야 하는 요인을 설명한 것인데, 이러한 문제가 발생하면 스윙을 멈추고 그립을 풀어 다시 셋업해야 한다.

셋업을 풀어야 하는 현상들

인체를 통해 또 다른 정보를 받아들일 때 – 귀(갤러리의 말, 동반자의 대화, 비행기 소리 등이 들릴 때)

인체를 통해 또 다른 정보를 받아들일 때 – 눈(볼 주변에 곤충 또는 이상한 물건이 보일 때)

인체를 통해 또 다른 정보를 받아들일 때 - 피부(앞바람이 갑자기 세게 불거나 비, 눈이 갑자기 많이 올 때)

인체를 통해 또 다른 정보를 받아들일 때 - 코(향긋한 꽃냄새 또는 고약한 냄새가 날 때)

실제로는 오르막 경사이지만
골퍼는 평지로 인식할 수 있다.

기후, 지형, 거리 등에 착오가 있을 때

실제로는 내리막 경사이지만
골퍼는 평지로 인식할 수 있다.

내리막일 때

대 · 소변을 보아야 할 때

심리적으로 셋업이 의심 갈 때

·04 백스윙

백스윙의 목적은 체중 이동과 클럽을 들어올려 1차 에너지를 만들어내는 데 있다. 2차 에너지는 다운스윙 중 체중 이동과 근육 운동으로, 3차 에너지는 팔로스루 스피드로 만들어진다. 이러한 행위는 얼마 전 북한에서 시험 발사한 대륙 간 탄도 미사일의 원리와 같다.

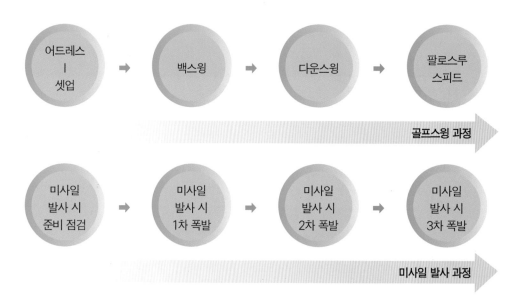

어드레스에서 셋업까지는 미사일 발사 준비를 점검하는 단계로 보면 된다. 백스윙은 미사일이 1차 폭발로 탄도가 아주 천천히 솟아오르듯이 천천히 해야 하고, 다운스윙은 미사일이 1차 폭발 후 가속이 붙을 때 2차 폭발로 또다시 에너지를 얻어 빠른 속도로 대기권을 통과하듯 빠르게 해야 한다. 스윙 시 에너지의 2차 폭발은 골반과 대근육에서 만들어진다. 마지막 3차 폭발로 미사일은 목표점을 강타하는데, 골프스윙에서 3차 폭발은 클럽 샤프트와 팔의 탄성으로 만들어진다.

미사일이든 자동차든 가속이 붙으면 최고 스피드가 일어난다. 1차 단계인 백스윙이 빨라지면 몸의 균형이 무너지는 길밖에 없다.

골퍼 키에 맞는 백스윙 만들기

① 백스윙 시 인위적인 손목 코킹(cocking)을 하거나 클럽 페이스에 변화를 주지 않는 것이 바람직하다. 즉, 작은 동작은 대근육을 이용한 스윙에서 멀어지게 하고 클럽의 임팩트 접근 각도를 변하게 할 수 있기 때문에 사진과 같이 자기 키에서 100cm를 뺀 값을 각도로 바꾼 위치까지 몸 전체를 돌려주는 것이 중요하다.

예) 키 180cm인 골퍼 기준

키 180cm에서 100cm를 뺀 80cm를 각도로 바꾼 값 80도에서 오른팔에 변화를 준다.

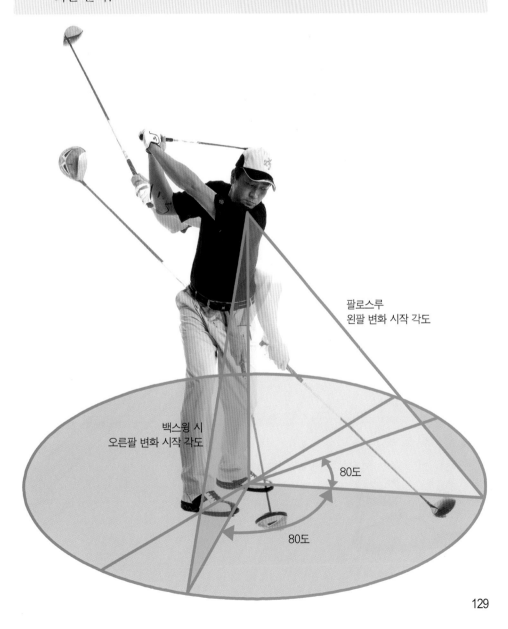

팔로스루
왼팔 변화 시작 각도

백스윙 시
오른팔 변화 시작 각도

80도

80도

② 클럽 헤드로 백스윙을 하면 클럽이 몸에서 멀어져 체중이 오른쪽 앞발가락에 실린다. 이런 현상은 다운스윙 때 귓속 세반고리관이 몸의 중심이 앞으로 치우쳐 무너진 것을 뇌에 전달하여 몸을 빨리 일어나게 하고, 왼팔을 당겨 전체적으로 가슴을 뒤집어 세우거나, 아웃에서 인사이드로 스윙하여 중심을 잡게 한다.

몸의 중심이 앞으로 치우쳐짐

오른쪽 앞발가락 중심

클럽 헤드로
백스윙

③ 오른발이 열린 상태에서 허리(골반), 어깨, 가슴으로 백스윙을 하면 체중이 오른발 뒤꿈치에 실려 중심이 뒤쪽으로 치우친다. 주로 초보 골퍼에게 많이 나타나는 현상으로 팔로스루 아크가 매우 작아지는 결과를 가져온다.

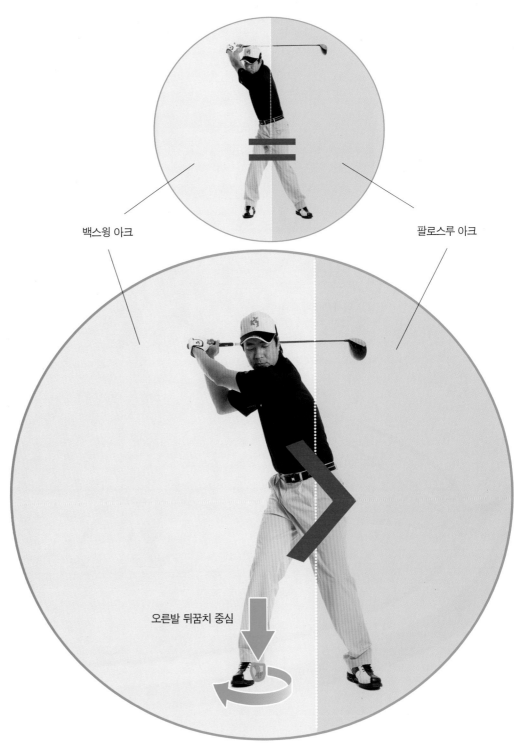

백스윙 아크

팔로스루 아크

오른발 뒤꿈치 중심

④ 현상을 교정하는 방법으로 먼저 백스윙을 하
는 동안 그립과 몸의 간격을 유지해야 한다. 또한
사진과 같이 골퍼의 키에서 100cm를 뺀 값의 단
위를 각도로 변환하고(180cm - 100cm = 80cm →
80도) 그 각도(80도)에서 왼팔과 클럽이 일직선이
되는지 확인하여야 한다.

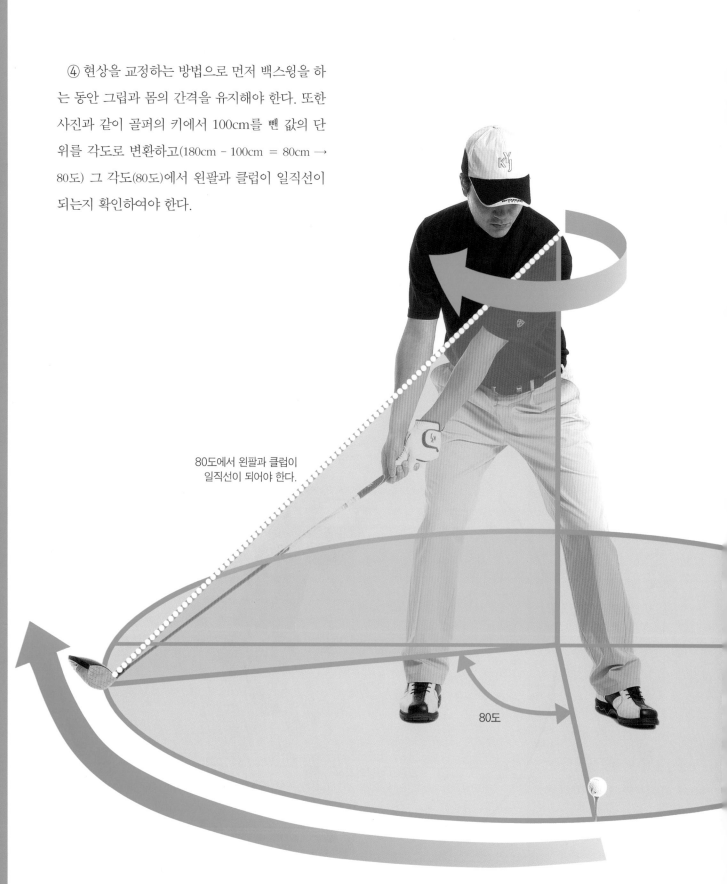

80도에서 왼팔과 클럽이
일직선이 되어야 한다.

80도

⑤ 자기 체형에 맞는 각도에서 오른팔을
굽혀 올리기 시작하면 올바른 아크 궤도로
백스윙 톱에 도달하게 된다.

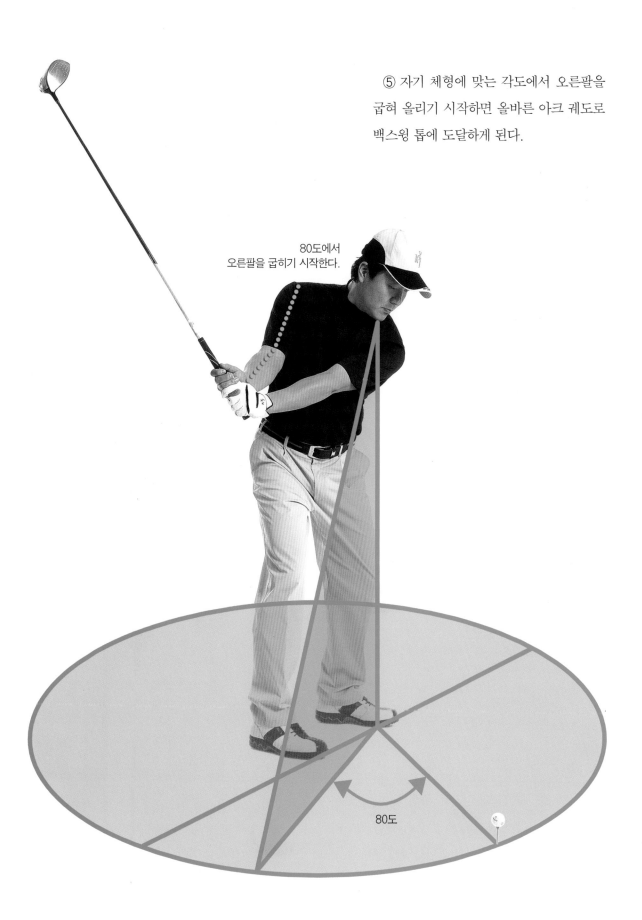

80도에서
오른팔을 굽히기 시작한다.

80도

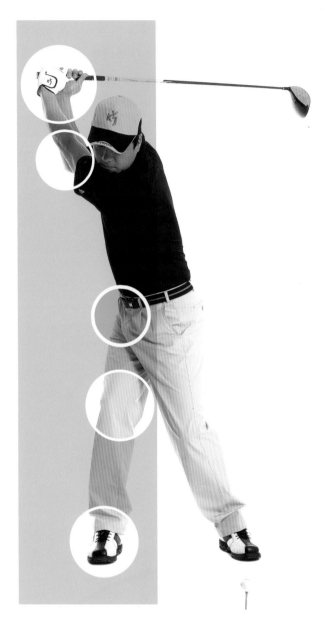

⑥ 백스윙 톱에서 오른쪽 엉덩이를 오른발 바깥쪽 위에 올려놓고 사진과 같이 손 – 오른쪽 엉덩이 – 오른발로 연결되는 수직축(벽)을 만들어 보자. 이것이 백스윙 셋업이다.

⑦ 어드레스를 할 때 머리는 항상 볼 뒤쪽에 두어야 한다. 머리가 볼 앞쪽에 있으면 클럽 헤드의 페이스 각도가 닫힌 채로 볼에 접근하게 된다.

⑧ 백스윙 동작을 할 때는 오른팔을 왼팔 아래쪽
으로 밀어 넣어 두 팔을 일체화하는 것이 좋은 습
관이다.

오른팔과 왼팔을
일체화한다.

오른팔을 왼팔 아래쪽으로 밀어 넣는다.

⑨ 인위적으로 클럽 헤드를 낮추어 백스윙하는
것은 좋은 버릇이 아니다. 그렇게 하면 몸 중심이
클럽 헤드를 따라가기 때문이다.

몸의 중심이
클럽 헤드를 따라감

낮은 백스윙

왼손 엄지손가락 하나로
클럽을 유지한다.

⑩ 백스윙 톱에서 왼쪽 엄지손가락 하나로
클럽 헤드의 무게를 느끼면서 클럽을 유지
해 보자. 이 동작을 하면 스윙 톱에서 클
럽이 흔들리지 않고 안정되어 임팩트
와 스위트 스팟이 좋아진다. 또한
백스윙 톱에서 엄지손가락에 클럽
헤드 무게를 느끼면 순간 정지
상태로 스윙 템포가 좋아진다.

·05 다운스윙

　다운스윙은 백스윙 톱에서 임팩트까지 궤도를 말한다.

　다운스윙에서 가장 큰 에너지(헤드 스피드)를 만들어내는 방법은 손, 팔과 같은 소근육보다 허리(골반), 가슴 대퇴근과 같은 대근육을 이용하는 것이다.

　다운스윙으로 오른쪽 팔꿈치가 회전한 가슴 상반신을 밀면서 내려 와야 한다. 그립을 잡은 왼손과 오른손을 허리띠 버클 아래까지 끌어 당겨야 클럽이 몸에서 이탈하지 않고 몸의 구심점 이동이 적어져 깔끔한 스윙이 된다.

　이러한 동작들을 연습하면 팔과 샤프트의 장력(구심력)을 이용한 스윙 아크가 만들어져 급가속이 일어난다.

백스윙 톱

임팩트

다운스윙은 인체공학적으로 골퍼 스스로 통제가 불가능한 동작이다. 동작 중 교정이 불가능한 것 또한 발사한 미사일을 돌이킬 수 없는 것과 같은 이치다.

미사일은 발사 이후 결과를 3가지로 정리할 수 있다. 첫째 발사 실패, 둘째 중간 폭발, 셋째 발사 성공이다. 단지 뇌는 목표점만 인식할 뿐이다. 앞에서도 말했듯이 백스윙은 2차 에너지를 만들어내는 구간이자 스윙 템포가 제일 중요한 구간이기도 하다. 헤드 스피드가 점진적으로 급가속되어야만 임팩트점에서 최고 스피드를 만들 수 있기 때문이다. 방향이나 스위트 스팟은 스윙 아크 각도에서 만들어지지만, 헤드 스피드는 몸의 근육과 체중 이동 및 샤프트의 탄성을 이용하여 만들어진 에너지로 스윙 템포에서 모아진다. 이러한 이유로 다운스윙 템포가 매우 중요하다. 에너지를 모아 가속하는 방법은 앞에서 강조했듯이 그립을 잡는 힘의 강약에 있다.

점점 강하고 빠르게

다운스윙 궤도에서
그립의 강약

139

다운스윙 요령

① 클럽 헤드가 백스윙이 지나간 궤도보다 앞쪽으로 내려오면 원심력이 줄어들고 구심력으로 스윙하게 된다(구심력스윙으로 드로 볼의 구질을 만들기는 어렵다).

백스윙 궤도

다운스윙 궤도

② 다운스윙 중 오른팔은 왼팔 아래에 위치하도록 해야 한다. 왼팔 위로 올라 오면 스윙 아크가 깨어진다.

③ 왼팔과 오른팔은 회전한 허리(골반)와 가슴 공간을 통과하는 느낌으로 안에서 바깥으로 스윙해야 한다.

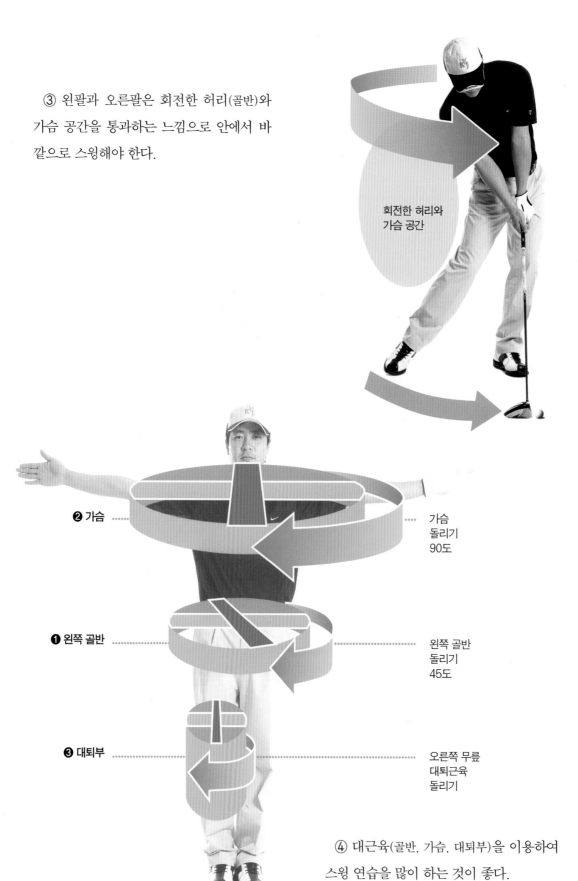

회전한 허리와 가슴 공간

❷ 가슴

가슴 돌리기 90도

❶ 왼쪽 골반

왼쪽 골반 돌리기 45도

❸ 대퇴부

오른쪽 무릎 대퇴근육 돌리기

④ 대근육(골반, 가슴, 대퇴부)을 이용하여 스윙 연습을 많이 하는 것이 좋다.

⑤ 백스윙 톱에서 왼쪽 골반을 먼저 돌려
스윙하는 연습을 충분히 하면 스윙과
임팩트는 자연스럽게 된다.

❶ 골반

왼쪽 골반을
먼저 돌림

❷ 스윙

왼쪽 골반을 따라 스윙

구심점 축

왼쪽 엉덩이와 오른쪽 엉덩이가
대칭을 이루면서 돌아감

⑥ 다운스윙 순간에도 구심점(척추, 머리)을 기준
으로 왼쪽 엉덩이와 오른쪽 엉덩이가 대칭을 이루
면서 돌아야 한다.

⑦ 머리는 볼 뒤쪽에 유지하고 오른쪽 어깨를 수직으로 내려 볼 뒤 아래쪽을 향해 가슴 상판이 파고 들어가는 느낌으로 오른쪽 어깨를 과감히 넣는다면 좋은 결과를 얻을 수 있다(톱 볼이 자주 나는 골퍼는 이 방법으로 연습해 보기 바란다).

각속도는 다운스윙 아크에서 가속되어야 한다.

머리는
볼 뒤쪽으로 유지

볼 아래를
파고 들어가는 느낌

| 주의 사항 |

● 다운스윙 중 구심점(머리, 척추)의 높이(위치) 변화가 생기면 몸이 세워진다 (어드레스 방법을 한 번 더 읽어 보고 넘어가자).

● 척추를 구부린 상태에서 다운스윙하면 왼쪽 갈비뼈 부분이 아플 수 있으니 척추를 편 상태로 허리(골반) 회전으로 다운스윙한다.

● 다운스윙 궤도에서 다리는 오른쪽 대퇴 근육을 완전히 풀어야 하지만, 오른쪽 발바닥은 바닥에서 떨어져서는 안 된다. 다운스윙 중 오른쪽 발바닥이 지면에서 떨어지면 상체가 세워지는 현상과 왼쪽 골반이 앞쪽으로 빠져 팔로스루 때 몸의 축이 무너지는 원인이 된다.

다운스윙 때 벌써 몸이 역 C자형이 되어서는 안 된다. 역 C자형 스윙을 하면 연습장이나 평지에서는 볼을 맞힐 수 있지만, 필드에서는 조그만 경사가 있거나 지형에 문제가 있어도 볼을 임팩트하기 매우 어렵다.

06 임팩트

임팩트는 'PART 4 레인보우 골프' 중 눈으로 볼 수 없을 정도로 아주 짧은 순간에 일어나기 때문에 골퍼가 인위적으로 조절하거나 만들려고 하는 것은 올바른 연습 방법이 아니다. 임팩트를 만들어내는 연습 방법은 'PART 6 골프에 좋은 운동법'에서 소개하기로 한다.

골퍼가 인체에 맞는 스윙 아크를 만들어낼 때 헤드가 통과하는 스윙 선상에서 클럽 솔 각도에 따라 자연 발생적으로 일어나는 현상으로 임팩트를 받아들인다면 더 좋은 스윙을 만들어낼 수 있다. 손목이나 팔과 같이 작은 근육을 써서 만들어내는 임팩트는 주로 쇼트 게임이나, 바람, 비, 디벗 등 자연현상에 따라 프로들이 기술적인 스윙을 필요로 할 때 조절하지만, 그 또한 클럽 솔의 각도 변화와 급격한 샤프트 탄성으로 일어나는 현상이다.

기본적으로 대근육 스윙 아크 선상에서 임팩트는 자연적으로 만들어진다. 임팩트 순간에 볼의 거리(헤드 스피드), 방향(솔의 접근각), 스위트 스팟(중심점)이 결정되므로 다소 집중력을 필요로 한다. 예를 들어 시선을 볼에 고정시켜 클럽 헤드가 임팩트점을 지나 임팩트존을 만드는 것을 보는 연습은 집중력을 향상시켜 준다.

에너지는 스윙 템포에서 모아지므로 다운스윙 템포가 매우 중요하며, 에너지를 모아 가속하는 방법은 앞에서 강조한 그립을 잡는 힘의 강약 조절에 있다.

| 임팩트스윙 중 체중을 두는 위치에 따라 구질을 3가지로 나눌 수 있다 |

1. 체중이 오른발에 남아 있는 상태에서 대근육 가슴스윙으로 일어나는 임팩트는 페이드 (fade) 볼 구질이 일어난다.

2. 오른쪽에서 왼쪽으로 체중을 이동하는 순간 체중이 공중에 떠 클럽에 전달되면 스트 레이트(straight) 볼 구질이 일어난다.

3. 체중이 왼발에 놓인 상태에서 허리(골반)를 이용한 스윙 중 임팩트는 드로(draw) 볼 구질이 일어난다.

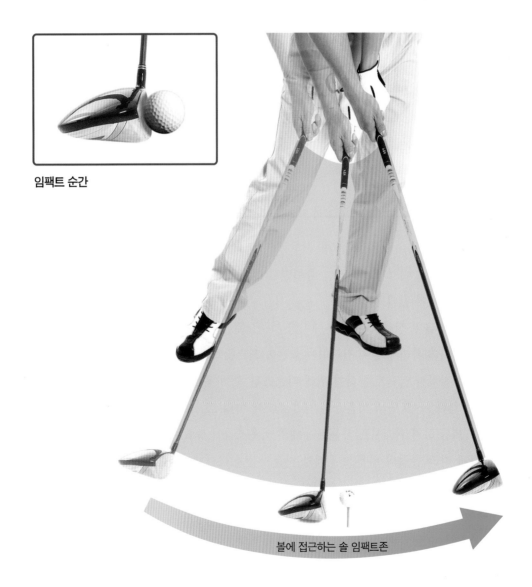

임팩트 순간

볼에 접근하는 솔 임팩트존

골프 클럽에는 로프트각, 라이각, 바운스각이라는 3가지 각이 있다. 이러한 각은 거리와 방향에 가장 큰 영향을 주는데, 즉 스윙 중 임팩트 접근각에 따라 변화한다.

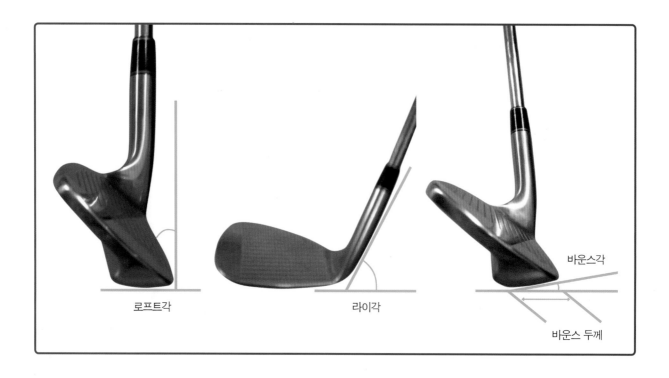

로프트각   라이각   바운스각

바운스 두께

임팩트 기술은 비행기가 속도를 줄이면서 활주로에 뒷바퀴를 먼저 내리고 안전하게 착륙하는 원리와 같다.

임팩트 중 솔의 접근각은 리딩 에지를 기준으로 한 바운스각과 바운스 두께와 무게 중심에 따라 정확하게 볼에 접근하여 좋은 임팩트를 만들 수 있다.

골퍼는 정확한 임팩트를 하기 위해 다운스윙 중 바운스를 지면 낮게 가져오는 연습을 해야 한다. 특히 솔의 바운스와 지면 각도에 따라 로프트각을 바꿔야 한다. 결국 좋은 임팩트를 하기 위해서는 바운스 두께와 바운스각이 중요한 요소가 된다.

회사에 따라 클럽의 바운스 두께와 바운스각이 다르므로 어느 회사 제품을 사용하느냐에 따라 임팩트 후 디벗의 위치와 깊이가 결정된다. 그러므로 클럽은 골퍼가 자신의 다운스윙 속도에 맞게 선택하는 것이 좋다.

다운스윙 속도가 빠른 골퍼라면 바운스 두께와 바운스각이 큰 클럽을 선택하면 좋은 결과를 얻을 수 있다. 이는 앞에서도 말했듯이 착륙 중 속도가 빠를 때 바운스가 넓고 바운스각이 크면 솔에 미치는 양력이 작게 작용하여 클럽이 부드럽게 빠져나가 솔의 흔들림의 변화를 줄여 주기 때문이다.

다운스윙 속도가 빠르면 디벗이 얇게 만들어지는 반면, 팔로스루 속도가 줄어들어 헤드 스피드가 감소하고 러프 속에 있는 볼 처리가 상대적으로 불리해진다.

클럽 바운스 두께가 좁고 각도가 크고 날카로우면 상대적으로 헤드 스피드가 빨라진다. 초보 골퍼는 바운스가 넓은 저중심 클럽을 사용하면 좋은 결과를 얻을 수 있다.

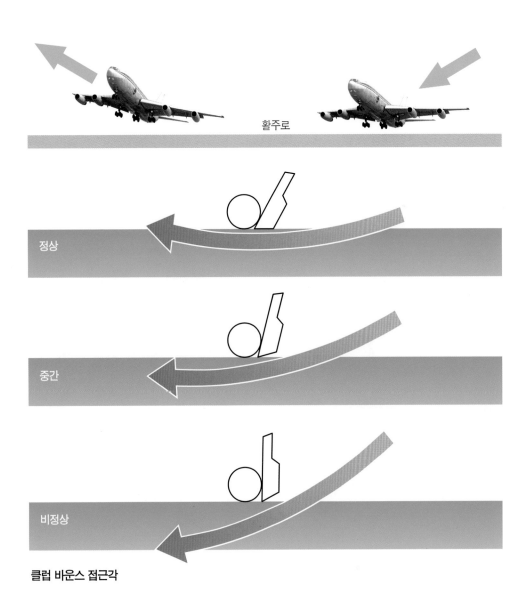

활주로

정상

중간

비정상

클럽 바운스 접근각

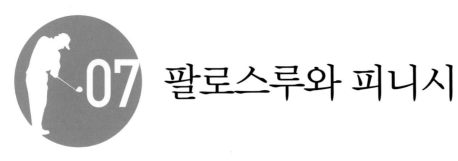

07 팔로스루와 피니시

팔로스루와 피니시 동작은 하나로 연습하는 것이 좋다. 팔로스루 아크 궤도 마지막 점이 피니시고 올바른 자세만 만들면 두뇌가 생각할 일이 별로 없기 때문이다.

비행기가 이륙하듯이 목표 방향을 향해 가슴을 편다.

| 올바른 팔로스루 만들기 |

1. 팔로스루 또한 백스윙처럼 체형에 맞는 클럽 아크면이 중요하다.

2. 왼팔이 굽혀지는 시점(각도)에서 체형에 맞는 수직 아크면을 만든다.

3. 우리 인체는 회전 중 왼팔이 굽으면 오른팔의 코킹이 자연스럽게 일어난다.

4. 팔로스루 궤도에서 오른팔로 인위적인 코킹을 하면 스윙 템포에 따라 샤프트와 팔의 탄성 변형에 불균형이 일어나 방향성에 문제가 생긴다.

5. 팔로스루는 빠른 가속이 일어나기 때문에 구심점을 최대한 유지하면서 중심을 잃지 말아야 한다.

6. 다운스윙 때 머리 위치를 처음과 같이 유지하면서 오른쪽 골반을 최대한 머리 앞쪽으로 깊게 넣는 연습을 하여야 좋은 팔로스루 아크를 만들 수 있다.

7. 오른쪽 어깨와 팔을 이용하여 왼팔이 당겨지는 것을 막고 클럽 헤드를 12시 방향으로 두고 오른팔을 완전히 펴서 팔로스루스윙 아크를 크게 만든다.

8. 클럽 헤드를 왼팔로 잡아당겨 회전시키지 말고 처음에는 1시 방향에서 왼팔을 굽혀 수직으로 들고 왼쪽 어깨 너머로 넘긴다.

9. 왼쪽 어깨 너머로 넘어간 클럽 샤프트가 목이나 등에 닿지 않고 회전하면 허리(골반)가 부드러워지는 운동법이 된다.

10. 왼쪽 다리를 펴고 체중을 완전히 왼쪽에 싣고 가슴을 목표 방향을 향해 활짝 편다. 비행기가 활주로를 박차고 이륙하는 느낌으로 일어선다.

11. 오른쪽 무릎을 왼쪽 무릎에 붙혀 사진과 같이 우아한 자세를 한다. 피니시 순간 그립에서 손을 놓으면 회전 근육 운동의 효과가 줄어들고 피니시 자세가 나오지 않는다.

팔로스루 장면

| 알아두기 |

헤드업(head up)

다운스윙 또는 임팩트 순간보다 먼저 머리를 들어 상체가 일어나는 현상을 헤드업이라 한다. 프로 골퍼나 상급자 동료가 하는 가장 잦은 지적 사항이 헤드업이다. 그러나 헤드업이 모든 골퍼에게 적용되는 지적 사항은 아니다. 스윙 중 상체가 벌떡벌떡 일어서는 널뛰기 현상을 고치기 위해서는 한번쯤 헤드업을 해보는 것이 바람직하다. 나이가 들거나 선천적으로 허리가 유연하지 않은 골퍼가 스윙 중 머리를 오랫동안 고정해놓으면 상체가 일어서는 널뛰기 현상이 나타난다.

올바른 스윙 구심점 고정

상체가 일어서는 스윙 모습

82~90타 골퍼에게

82~90타의 기량을 가지고 있는 사람은 골프 선생님이라 불러도 손색이 없다. 그들 나름대로 철학을 가지고 있기 때문이다. 82~90타를 치기까지 얼마나 많은 노력과 투자가 있었는지 당사자들이 누구보다 잘 알 것이다. 교양과 지식과 기술이 있는 골퍼는 필드에서 계절의 변화를 마음껏 느끼면서 한 홀, 한 홀마다 자연의 아름다움에 젖어들기도 한다. 골프 실력이 이쯤되면 가끔 볼이 자기 발 아래서 사라지거나(O. B.), 잠수를 하거나(해저드), 행방불명(로스트 볼)이 되는 것을 이해하고 현실을 받아들이는 지(智), 덕(悳), 체(體)를 모두 겸비했으리라 생각한다.

80타대 수준이 된 것은 지난날 90타를 깨트리기 전에는 방향과 거리만으로 골프를 즐기다가 이제 골퍼가 먼저 쇼트 게임과 경사 기울기에 적응하고 있다는 것이다. 가끔 작은 근육을 정교하게 사용하는 기법도 나름대로 습득하고 있을 것이다.

우리 인체는 점보다 선, 선보다 면에 잘 적응한다. 가끔 연습장에 가보면 프로나 수준 있는 골퍼들은 티 박스 처음이나 끝 자리에서 벽과 거울을 보며 연습한다. 일반 골퍼들이 반대로 가장자리를 선호하는 것을 볼 때마다 벽을 마주보고 연습하면 좋을 것 같다는 생각이 들곤 한다. 면을 이해하고 가상의 삼각면을 만들고 그 면에 맞추어 서서 삼각면 경사도에 따라 스윙하고 클럽 헤드를 던진다면 열린 필드에서도 거리와 방향, 볼의 탄도(비행 각도), 몸의 균형 4가지를 모두 원하는 대로 조절할 수 있다.

여러분도 이제 거리와 자연 현상에 따라 다양한 삼각면을 만들어 적용한다면 만족할 만한 결과를 얻을 수 있을 것이다.

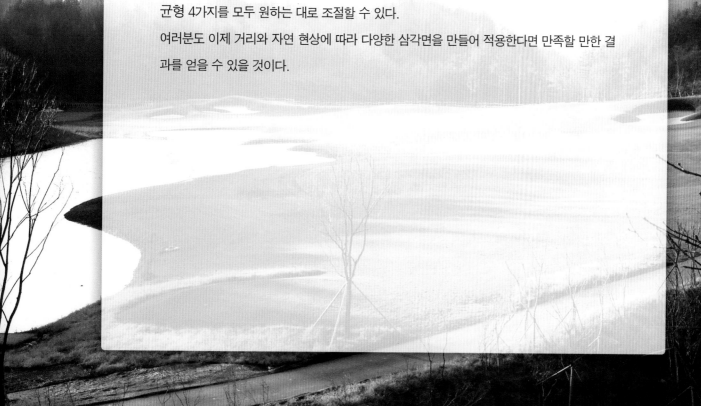

PART 5

자연으로 본 골프

코스 공략법

　대부분의 컨트리클럽은 설계 초기부터 많은 비용을 지불하면서 이름 있는 설계 회사와 전문가를 찾아 설계를 의뢰한다. 그들은 한정된 부지 안에서 미국골프협회(USGA) 규정에 따라 코스의 거리, 페어웨이 폭, 장애물(해저드, 벙커, 러프, 수목 등) 등의 자연을 이용하여 설계하고 의뢰인의 요구와 설계자의 예술적 감각과 성향에 따라 아름다운 컨트리클럽을 만든다.

　특히 최근에 만들어지는 컨트리클럽은 대체로 난이도가 점점 더 어렵게 설계되고 있다. 이러한 현상은 골프라는 운동의 변천사와 무관하지 않다. 최근 골프를 즐기는 사람들이 늘어나면서 또 하나의 골프 산업이 발전하였으며, 잇따라 세계적인 골프용품 회사들이 하루가 다르게 신제품을 출시하고 있다. 이렇듯 골프 장비에 관한 재료공학이 하루가 다르게 발전하여 거리와 정확성이 높아지자 골퍼들은 단조롭게 만든 컨트리클럽을 선호하지 않게 되었다.

　우리나라는 제주컨트리클럽과 경남 김해시에 만들어진 중산컨트리클럽, 중부 서울 지역의 클럽이 난이도가 높다. 앞으로도 설계자는 계속 난이도가 높게 컨트리클럽을 만들 것이고, 골프용품 회사들은 계속 연구하여 타회사보다 좋은 장비를 만들어낼 것이다. 우리는 열심히 연습하여 새로운 장비를 몸에 익히고 난이도가 높아져만 가는 컨트리클럽의 새로운 코스 공략법을 개발하여 18홀을 정복해야 즐겁고 행복한 골프를 즐길 수 있지 않을까?

　코스 공략법에서 필드를 정복하는 첫 관문은 컨트리클럽마다 가지고 있는 특성(난이도)을 파악하는 데 있다. 요즘은 인터넷이 발전하여 컨트리클럽마다 친절하게 각 홀 사진 또는 설계도를 홈페이지에 올려놓고 있다. 연습 라운딩을 나가기 힘든 일반인들은 인터넷을 이용하여 프로선수 못지않게 새로운 공략법을 만들어 보기 바란다.

정보 수집

컨트리클럽의 위치와 교통편

대다수 일반 골퍼는 바쁜 일과 속에서 골프를 즐기기 때문에 가끔 컨트리클럽의 위치와 거리를 파악하지 못하거나 중요한 업무로 시간을 맞추지 못하여 가속 운전을 하여 숨 가쁘게 클럽하우스로 들어온다. 사람마다 조금씩 다르겠지만 시간에 쫓겨서 숨이 차면 맥박 수가 빨라진다. 이러한 상태에서는 몇 홀이 지날 때까지 인체가 골프스윙에 잘 적응하지 못하고, 시간이 지나야 안정을 찾게 된다.

성격에 따라 어떤 골퍼들은 18홀이 끝날 때까지 전반 홀 성적에 영향을 받아 '산속을 헤매다 하루 해가 넘어간다.'는 말처럼 경기를 망친다. 모처럼 만든 귀중한 시간을 비싼 돈까지 지불하고 망치는 경우도 있다. 즐거운 하루와 좋은 성적을 원하면 조금이라도 빨리 출발하고, 교통이 혼잡한 시간도 기억해 두는 것이 좋다. 경기 시작 전 약 30분쯤에 도착하면 당일 그린 상태도 미리 알 수 있고, 화장실에 들러 용변을 해결해 둘 수도 있다.

컨트리클럽 정보

다양한 정보 표지를 보고 파악한다.

코스 방향 표시

티꽂이

골프 신발 청소기

홀 이동 방향 표시

핀 위치

수리지 표시

카트

홀 정보

날씨 확인

계절, 날씨에 따라 골프 장비(볼, 옷, 신발, 우의, 바람막이, 우산, 장갑, 티, 수건, 마크, 손 보온기 등)를 챙긴다. 전화번호 131번을 이용하면 당일 날씨를 알아 볼 수 있다.

손 보온기   장갑   신발   수건

골프웨어   우의   우산   마크

티   보스턴 백   캐디 백   아이언 보호 덮개   모자

각 홀의 특징과 장애물 파악하기

인터넷을 이용하여 각 홀마다 특징을 알아두도록 한다. 그리고 시간이 나면 뒤편에서 설명하는 면, 도형 공략법을 먼저 그림으로 그려 본다. 그러면 각 홀마다 볼을 보내야 할 위치와 거리가 파악될 것이다.

해당 코스를 분석하여 클럽을 선택한 다음 음표 공란에 적어 보고 구체적인 공략법을 만들자.

1번 홀

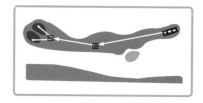

HDCP	B/T	W/T	R/T	PAR
1	470	455	435	5

(단위 : 미터)

공략 예시) 드라이버 → 4번 우드 → 웨지
240m + 200m + 30m = 470m

거리보다 경사면 정보를 읽는 것이 중요하다. 굴곡이 심한 오르막 경사 파5 롱 홀이다. 최대한 평지를 공략하는 것이 중요하다.

2번 홀

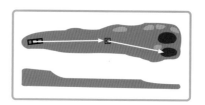

HDCP	B/T	W/T	R/T	PAR
5	362	345	327	4

(단위 : 미터)

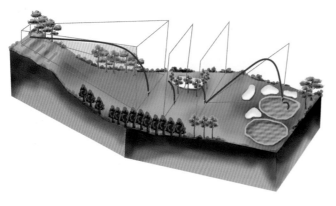

티잉 그라운드 사용 위치에 따라 드라이버 공략이 다양하게 변한다. 바둑과 같이 다음 샷을 하는 것도 좋은 방법이다.

3번 홀

HDCP	B/T	W/T	R/T	PAR
15	180	163	146	3

(단위 : 미터)

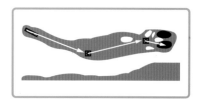

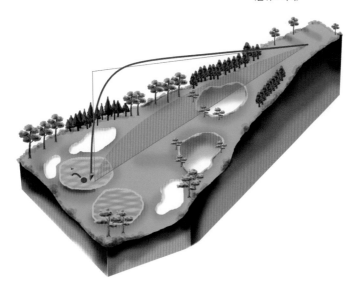

내리막 홀에서 시야를 수평으로 유지하는 것이 중요하다. 바람에 따라 자신의 구질을 선택하고 삼각면을 이동하는 것 또한 중요하다.

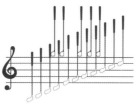

4번 홀

HDCP	B/T	W/T	R/T	PAR
17	264	254	231	4

(단위 : 미터)

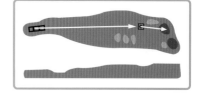

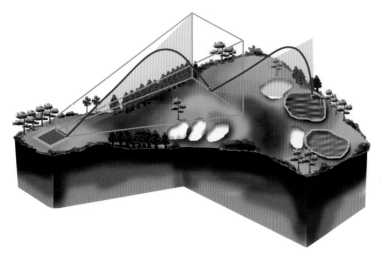

거리가 짧은 파4홀로 안전하게 페어웨이 우드를 사용하는 것도 좋은 결과를 가져온다. 여기서는 그린에 대한 정보를 정확하게 받아들이는 것이 중요하다.

5번 홀

HDCP	B/T	W/T	R/T	PAR
9	458	436	405	5

(단위 : 미터)

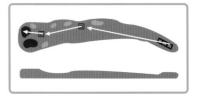

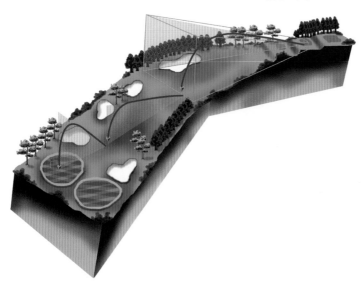

드라이버 공략은 푸시 드로 볼을 구사하여 우측 벙커를 피하면서 비거리를 늘려 가장 넓은 페어웨이까지 보내는 것이 중요하다.

6번 홀

HDCP	B/T	W/T	R/T	PAR
13	335	315	300	4

(단위 : 미터)

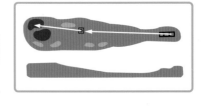

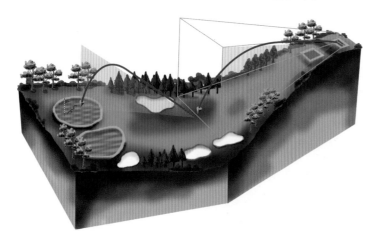

좌 · 우측 벙커 앞쪽 넓은 페어웨이를 푸시 페이드 볼로 안전하게 공략한다.

7번 홀

HDCP	B/T	W/T	R/T	PAR
7	191	187	171	3

(단위 : 미터)

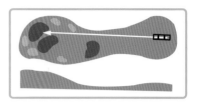

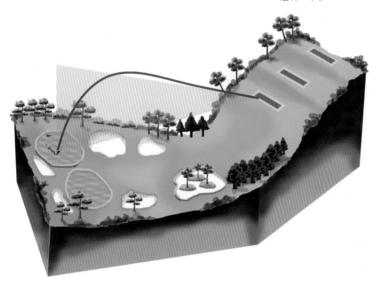

짧은 파3홀로 삼각면으로 공략한다. 티잉 그라운드 방향 정보와 그린 정보 수집이 중요하다.

8번 홀

HDCP	B/T	W/T	R/T	PAR
3	331	315	296	4

(단위 : 미터)

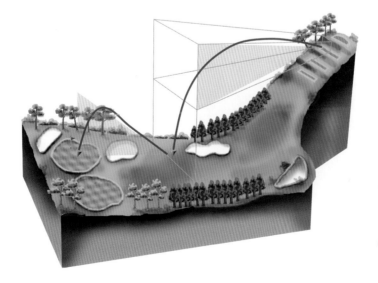

급경사 내리막 파4홀로 가산 사각도형을 눈높이에서 만드는 것이 중요하다. 푸시 페이드 볼로 벙커를 지나 가장 넓은 평지 위에 도형을 만든다.

9번 홀

HDCP	B/T	W/T	R/T	PAR
11	326	316	298	4

(단위 : 미터)

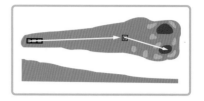

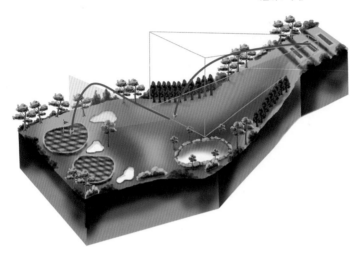

파4홀 길이가 조금 짧지만 좌측에 대형 해저드가 있어 직구 또는 푸시 페이드 볼을 구사하여 함정을 피하는 것이 중요하다.

10번 홀

HDCP	B/T	W/T	R/T	PAR
14	360	347	332	4

(단위 : 미터)

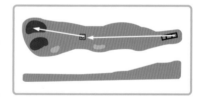

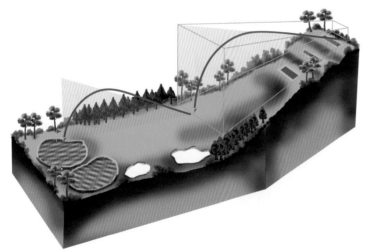

거리가 긴 파4홀로 드라이버 공략을 한다. 페어웨이가 넓은 곳은 푸시 드로 볼을 구사하여 좀 더 멀리 보낸다.

11번 홀

HDCP	B/T	W/T	R/T	PAR
16	455	445	434	5

(단위 : 미터)

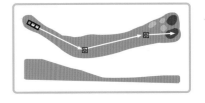

도그 레그 파5 롱 홀이 가능하다면 홀과 같은 방향의 드로 볼을 구사하는 것이 좋다. 세컨드 샷은 페어웨이가 대체로 양호하기 때문에 우드나 롱 아이언으로 가상 삼각면을 이용하여 리듬을 타는 것이 중요하다.

12번 홀

HDCP	B/T	W/T	R/T	PAR
8	193	178	163	3

(단위 : 미터)

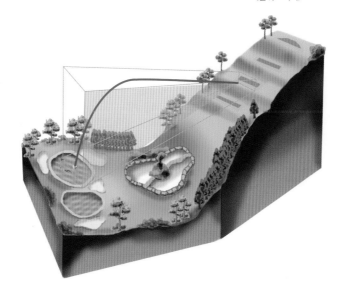

해저드가 중간에 넓게 있는 파3홀은 계절에 따라 다르지만 해저드 길이의 1/10만큼 거리를 더 계산하는 것이 중요하다. 거리가 길고 맞바람이 불면 삼각면보다 도형으로 공략하는 것이 안전하다.

13번 홀

HDCP	B/T	W/T	R/T	PAR
4	415	390	367	4

(단위 : 미터)

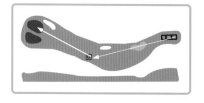

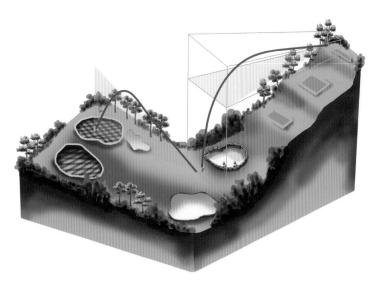

파4홀 급경사 내리막이다. 도형을 수평으로 만들고 해저드와 좌측 벙커까지 정보와 거리를 확인하는 것이 중요하다.

14번 홀

HDCP	B/T	W/T	R/T	PAR
18	343	326	308	4

(단위 : 미터)

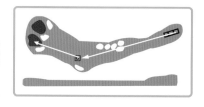

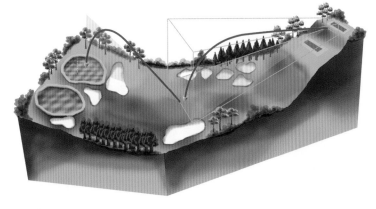

우측으로 살짝 휘어져 있는 파4홀이다. 드라이버 거리가 짧으면 우측 벙커에 들어갈 확률이 높다. 드로 볼을 구사하려면 좌측 벙커가 있으므로 푸시 페이드 볼을 선택하는 것이 좋다.

15번 홀

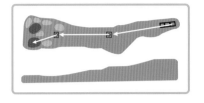

HDCP	B/T	W/T	R/T	PAR
10	547	529	502	5

(단위 : 미터)

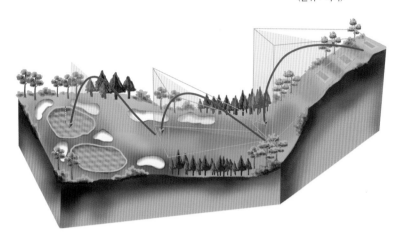

거리가 긴 파5홀이다. 드라이버로 공략하면 평소보다 볼이 멀리 간다. 급격한 내리막에 볼이 떨어져 굴러가는 거리를 계산하는 것이 좋다. 너무 짧게 공략하면 세컨드 샷 위치가 급경사면에 놓여 안전한 공략이 어려워진다.

16번 홀

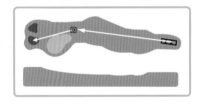

HDCP	B/T	W/T	R/T	PAR
6	383	363	338	4

(단위 : 미터)

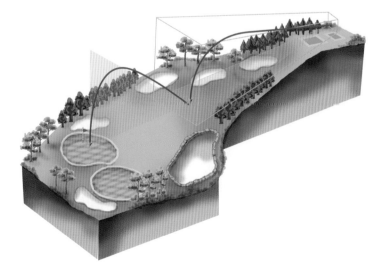

장애물이 많은 파4홀이다. 장애물, 페어웨이 벙커, 해저드의 위치와 거리 확인이 중요하다.

167

17번 홀

HDCP	B/T	W/T	R/T	PAR
12	215	199	178	3

(단위 : 미터)

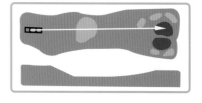

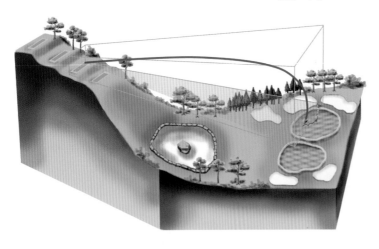

심한 내리막 파3홀이다. 거리가 길고 바람이 불어 우드나 롱 아이언 샷이 요구되면 삼각면 공략보다 도형 공략을 선택하는 것이 중요하다.

18번 홀

HDCP	B/T	W/T	R/T	PAR
2	419	389	369	4

(단위 : 미터)

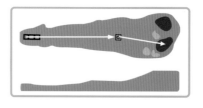

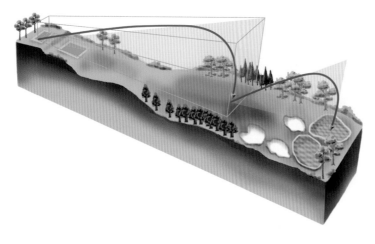

거리가 다소 긴 직선 파4홀이다. 바람의 영향이 없다면 직구로 공략하는 것이 좋다. 만약 앞바람이 있다면 푸시 드로 볼을 구사하여 거리를 좀 더 멀리 보내는 것이 중요하다.

컨트리클럽의 특징

산악 지역과 평지 지역으로 분류할 수 있다.

🌑 업다운(페어웨이 높낮이) 편차가 심한 컨트리클럽과 편차가 작은 컨트리클럽

페어웨이 업다운이 심하면 볼의 위치가 대부분 경사면에 놓이게 되고, 볼이 경사면에 있으면 거리와 정확성이 떨어져서 좋은 결과를 얻기가 어렵다. 평소 대근육 가슴스윙을 연습한 골퍼는 그렇지 않은 골퍼보다 좋은 결과를 얻을 수 있다.

참고 사항 : 대근육 가슴스윙, 경사면 클럽 보정표, 경사도에 따른 클럽 선택표

🌑 페어웨이 굴곡이 심한 컨트리클럽과 평범한 컨트리클럽

굴곡이 심한 컨트리클럽은 대체로 전체 거리가 짧고 높은 나무가 많거나 바람의 영향이 심한 것이 특징이다. 이러한 홀은 골퍼로 하여금 드라이버의 변화 구질을 요구하는 좌·우 도그 레그 홀이 많아 평소 드로와 페이드 볼을 연습해두는 것이 좋다.

참고 사항 : 볼의 구질 연습, 면·도형 공략법, 5가지 열림과 닫힘 이해하기

🌙 페어웨이 폭이 넓은 컨트리클럽과 좁은 컨트리클럽

2000년 전에 만들어진 컨트리클럽은 대부분 폭이 넓고 대지가 넓은 편이나 2000년 이후는 골프 인구의 증가와 재료공학의 발전으로 페어웨이가 좁고 거리가 긴 코스 설계가 주류를 이루고 있다. 현재의 컨트리클럽은 장애물(해저드, 벙커 등)을 다양하게 사용하여 비거리와 함께 높은 정확도를 요구한다.

참고 사항 : 사전 코스 정보, 코스 공략법, 도형 배분법

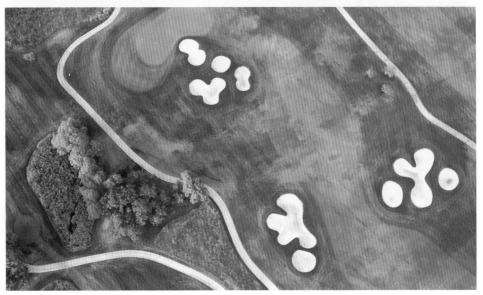

🌙 바람의 영향이 심한 컨트리클럽과 영향을 적게 받는 컨트리클럽

사막이나 바닷가에 위치한 컨트리클럽은 계절에 따라 큰 차이를 보인다. 특히 동남 아시아 국가에서는 하루에도 몇 차례 스콜(소낙비)이 내리기도 한다.

> **참고 사항** : 계절 기후 확인 후 장비 점검, 체온 유지에 신경 쓰고 티잉 그라운드에서 티를 조금 낮 게 꽂거나 길고 로프트각이 작은 클럽을 선택하는 것이 좋다.

🏌 크로스 벙커가 많은 컨트리클럽과 워터 해저드가 많은 컨트리클럽

크로스 벙커가 많은 컨트리클럽은 모래의 종류부터 알아두는 것이 좋다. 모래가 곱고 부드러운 세사라면 피해가는 것이 좋으나 반대로 입자가 굵은 강사라면 거리와 임팩트에 별 문제가 없기 때문에 무리하게 피해가지 않아도 된다.

해저드가 많은 홀은 클럽 선택이 매우 중요하다. 우선 심리적인 불안감을 해결해야만 한다. 심리적으로 해저드를 의식한다면 좋은 결과가 나오지 않기 때문이다.

> **참고 사항** : ① 크로스 벙커에서 어드레스를 할 때 볼의 앞쪽에 시야를 두고 스윙하면 임팩트가 잘 만들어진다. 발바닥를 비벼 볼보다 낮은 위치에 셋업하고, 클럽을 1인치 이상 짧게 잡고 스윙하는 습관을 기른다. ② 볼이 해저드 위를 통과한다면 해저드 길이의 10%를 더해주어야 한다. 삼각면 공략법을 사용한다.

● 그린 주변에 벙커가 많은 컨트리클럽과 나무가 많은 컨트리클럽

주변에 크로스 벙커가 많은 그린은 배수가 잘되어 잔디가 잘 자라고 상태가 좋지만 빨리 건조하여 볼이 많이 굴러간다.

주변에 나무가 많은 그린은 나무 그늘 때문에 겨울에는 빨리 얼고, 여름에는 높은 습도를 유지하여 볼이 굴러가는 속도가 느려진다.

> **참고 사항** : ① 그린까지 최대한 가까이 공략하고 마지막 홀 컵은 로프트각이 큰 클럽으로 공략하여 그린에서 볼을 정지시키는 것이 중요하다. ② 높은 볼이나 쇼트 게임은 로브 샷이 좋다.

그린 주변에 벙커와 계곡이 있어
그린이 매우 건조한 상태이므로 볼이 많이 굴러간다.

🏐 포대 그린으로 만들어진 컨트리클럽과 그린이 평지나 내리막에 있는 컨트리클럽

포대 그린에서는 같은 거리에서 볼이 빨리 그린에 떨어지므로 런이 많이 발생한다.
그린이 평지나 내리막에 있을 때는 그린 자체 경사를 파악하여 공략한다.

참고 사항 : ① 어드레스 중에는 시야를 그린에 두지 말고 수평으로 주시한다. ② 가슴스윙으로
푸시 페이드 볼을 만들어 그린에서 볼을 통제한다. ③ 눈으로 보이는 깃발의 위치와 실제 홀 컵의
위치는 많은 차이가 있으므로, 스윙하기 전 캐디에게 확인한다.

퍼팅 그린 잔디 관리가 잘된 컨트리클럽과 그렇지 못한 컨트리클럽

빠른 그린을 좋아하는 골퍼가 있는가 하면 느린 그린을 좋아하는 골퍼가 있다. 대체로 일반 컨트리클럽은 시합 때가 아니면 잔디 깎기나 롤러 다짐을 하지 않아 평소에는 느린 그린을 유지한다. 높은 산에 위치한 컨트리클럽은 잔디의 표면 습도 때문에 빠른 그린이 많다.

참고 사항 : ① 빠른 그린이라면 최소 열 가지 정보를 감지하여야 한다. ② 삼각면 공략법으로 볼의 움직임을 느껴야 한다.

🌑 페어웨이 주변이 잘 정리된 컨트리클럽과 러프가 심한 컨트리클럽

어쩌다 러프에 들어간 볼은 다양한 자연환경 조건에 놓인다. 예를 들면 깊은 러프나 얇은 러프에 놓일 수도 있고, 러프에 볼이 깊이 박히거나 러프 안 풀 위에 뜨기도 하며, 나뭇가지나 돌 사이에 놓이기도 한다. 그러면 분명 위기가 왔다고 보아야 한다.

특히 볼이 러프에 들어갔을 때는 스윙 상태에 심각한 문제가 있다고 생각하면 된다. 종합적으로 문제점이 확인되면 우선 성공 확률이 높은 쪽을 선택하여 위기를 극복해야 한다.

그린

페어웨이

러프

참고 사항 : ① 다운스윙을 최대한 천천히 하여야 풀의 저항을 줄일 수 있다. ② 어드레스는 오픈 스탠스를 하는 것이 유리하다. ③ 스윙 중 볼을 끝까지 보는 것이 좋다. ④ 페어웨이 주변 러프는 뱀과 산 짐승이 있을 수 있다. 뱀이 많은 컨트리클럽은 골퍼의 안전을 위하여 깨끗하게 정리가 되어 있지만 그래도 주의하여야 한다.

🌑 산악 지역 컨트리클럽과 평지 컨트리클럽

우리나라는 산악 지역이 많으므로 대부분 컨트리클럽이 산기슭이나 계곡의 자연 상태를 이용하여 설계되어 있다. 따라서 페어웨이 높낮이도 심하고 굴곡도 많은 편이다. 반대로 산이 없는 나라는 아래 사진과 같이 평지에 벙커나 인공 해저드를 많이 만들고 페어웨이를 좁게 함으로써 난이도를 높이는 한편 아름답게 컨트리클럽을 조성한다.

> **참고 사항** : ① 컨트리클럽에 관한 정보를 수집한다. ② 산악 지역 컨트리클럽에서는 어드레스 스탠스 보폭과 볼의 위치를 더욱 신경 써야 한다. 이곳은 겨울철에는 온도 차이가 심하게 나타난다. ③ 평지 컨트리클럽에서는 인공 장애물 정보를 파악하고, 주변 조경 나무나 조형물로 생기는 시차와 공략 거리를 재확인한다.

🏌 코스 총 길이가 7,000야드 이상인 컨트리클럽과 짧은 컨트리클럽

전체 길이가 긴 컨트리클럽은 페어웨이 우드와 롱 아이언을 많이 사용한다.

참고 사항 : ① 그립의 강약을 잘 조절한다. ② 어드레스를 할 때는 가슴 명치를 끌어 올려 구심점을 높게 가져가야 한다. ③ 백스윙은 낮게 가져간다.

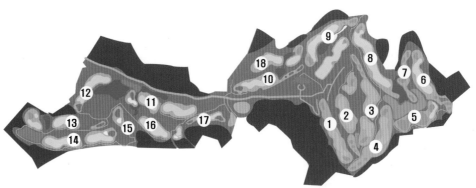

HOLE	1	2	3	4	5	6	7	8	9	미터	야드
PAR	4	4	5	4	3	4	3	5	4	PAR 36	
●	352	407	498	402	214	366	172	508	401	3,320	3,631
●	329	392	477	379	199	350	152	483	376	3,137	3,431
○	303	317	429	361	140	324	132	461	343	2,810	3,073
◐	252	335	379	338	131	299	113	410	323	2,580	2,822
●	229	302	344	287	124	260	94	357	287	2,284	2,498
HDCP	18	3	13	5	8	16	15	12	2		

HOLE	10	11	12	13	14	15	16	17	18	미터	야드
PAR	4	5	4	4	5	3	4	3	4	PAR 36	
●	367	502	414	423	530	180	356	196	411	3,379	3,695
●	348	482	375	398	505	166	339	172	393	3,178	3,476
○	311	463	358	380	484	154	326	153	342	2,971	3,249
◐	291	438	338	339	450	147	298	133	299	2,733	2,989
●	271	389	269	314	371	103	243	113	299	2,372	2,594
HDCP	17	11	6	1	9	14	7	10	4	6,699	7,326

● 페어웨이 거리 표시목의 미터와 야드

컨트리클럽마다 거리 표시 기준을 미터와 야드로 다르게 적용한다. 그린 중심을 기준으로 하는 경우가 대부분이지만 가끔 그린 앞쪽이나 뒤쪽을 기준으로 하는 경우도 있다. 깃발 색깔에 따라 홀 컵의 위치가 다르므로 확인하여야 한다.

참고 사항 : ① 홀 이동 전 그린 정보판을 확인한다. ② 그린 공략 전 캐디와 충분한 정보를 교환한다.

페어웨이 거리목

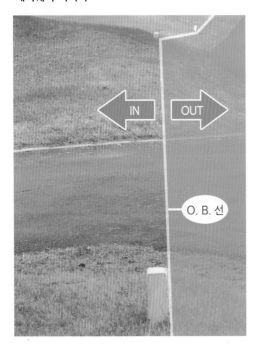
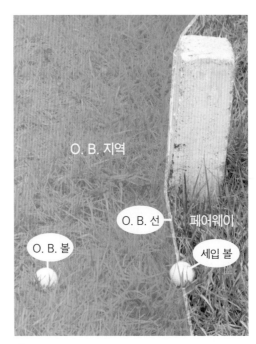

O. B. 표시목

🌙 그린에 떨어진 볼이 많이 튀는 컨트리클럽과 잘 서는 컨트리클럽

그린 반발력이 큰 컨트리클럽은 그린 공략 때 감안하여 거리를 줄여야 한다. 산악 그린이나 포대 그린, 불량 그린 등이 그러하다.

> **참고 사항** : ① 딤플이 크면서 개수가 적은 볼를 사용하여 높은 탄도로 그린에서 런를 줄인다. ② 깃발 아래쪽을 공략하여 거리를 줄인다. ③ 클럽 페이스를 열어서 치는 방법도 있으나 연습량이 많이 필요하다.

경사가 급하여 배수가 빨리 되며
바람에 노출되어 빨리 건조해지는 그린으로 볼이 많이 굴러간다.

주변에 벙커가 많지 않고 경사도가 대체로 낮은 평지여서
습도가 높은 그린으로 볼이 많이 구르지 않는다.

착시 현상이 일어나는 컨트리클럽과 일반 컨트리클럽

고산 지역이나 해안가, 섬에 위치한 컨트리클럽에서는 착시 현상이 잘 일어난다. 특히 아주 높은 고산 지역은 기압이 낮아 볼이 평소보다 더 멀리 날아간다.

참고 사항 : ① 컨트리클럽의 위치 정보를 수집한다. ② 캐디와 충분한 정보를 교환한다. ③ 그린에서는 홀 컵 이전법과 볼의 움직임을 연상한다.

🌓 페어웨이 그린 잔디의 종류가 다른 컨트리클럽

나라마다 지방마다 토질과 기후 조건에 따라 적합한 잔디로 그린을 만든다. 잔디 종류에 따라 임팩트 디벗의 크기와 깊이가 변화한다.

본인이 프로선수나 지망생이라면 잔디에 관한 충분한 지식을 습득한 후 클럽과 스윙 선택에 반영하여야 한다.

참고 사항 : ① 페어웨이를 사뿐사뿐 가볍게 걸으면 전체적인 리듬에 도움이 된다. ② 버뮤다 잔디에서는 클럽 페이스를 조금 열어 임팩트 순간 바운스각를 가장 크게 가져가는 것이 좋다. 그래야 디벗이 얇게 만들어진다.

한국 난지형 잔디

버뮤다 그래스형 잔디

● 크로스 벙커 모래 종류(주문진 모래, 일반 강 모래, 인조 모래, 석분)가 다른 컨트리클럽

컨트리클럽마다 다양한 재질의 모래로 벙커가 만들어져 있는데, 앞에서도 말했듯이 모래의 종류에 따라 볼의 위치가 가장 많이 변한다. 특히 깊은 벙커에서의 탈출은 모래 상태를 제대로 판단하지 않으면 경기를 망칠 수 있다.

컨트리클럽은 다음 3가지 모래로 크로스 벙커가 만들어져 있다.

● 백사 : 석회석이 주성분이며 흰색을 띄는 모래다. 규사에 비하여 클럽 헤드가 잘 빠져나가지 않는다. 입자가 규사보다 작은 석분이어서 입자 사이 점착력이 크기 때문이다. 클럽 페이스각보다 바운스각이 큰 클럽을 선택하는 것이 좋다. 왼손 그립을 몸쪽으로 당기면서 그립을 닫고 클럽 페이스를 열어서 모래를 얇게 뜨는 것도 괜찮다.

● 규사 : 석영이 주성분이며 강이나 바닷가 모래로 분류된다. 지역에 따라 입자 크기가 차이는 있으나, 대체로 클럽 헤드가 잘 빠져나간다.

● 흙이나 점토가 섞여 있는 모래 : 흙이나 점토가 섞여 있는 모래 벙커에서는 매우 조심해야 한다. 특히 여름이나 늦가을 비가 내린 후에는 모래 밑에 점토 성분이 꽤 많이 굳어 있어 상상할 수 없는 결과가 벌어지기도 한다.

> **참고 사항** : ① 자신감을 가지고 현재 상황을 인정하여야 한다. ② 거리는 스윙 크기보다 볼 뒤쪽에 있는 모래 두께와 클럽 페이스 각으로 조정하는 것이 좋다. ③ 눈과 발로 모래의 종류와 상태를 충분히 감지하여야 한다.

백사

규사

볼의 구질

구질의 종류

훅(hook)
스트레이트(straight)
페이드(fade)

슬라이스(slice)

드로(draw)

점, 선, 면, 도형 이해하기

점 : 크기와 모양이 없고 '위치' 만 있는 것이다.

선 : 폭과 부피가 없고 길이만 있는 것이다.

면 : 채색의 기본 단위이며 구성에 가장 큰 영향력을 미친다. 폐곡선에 의해 이루어지며 선과 점의 군집에 의해서도 인식될 수 있다.

입체 : 2차원 공간상의 점, 선, 면의 개념을 그대로 가지고 있으면서 3차원의 공간적 넓이를 가지는 도형을 의미한다.

클럽 종류와 점, 선, 면, 도형 합성 : 우리는 주변 조형물을 이용하여 골프를 좀 더 쉽게 이해할 수 있다.

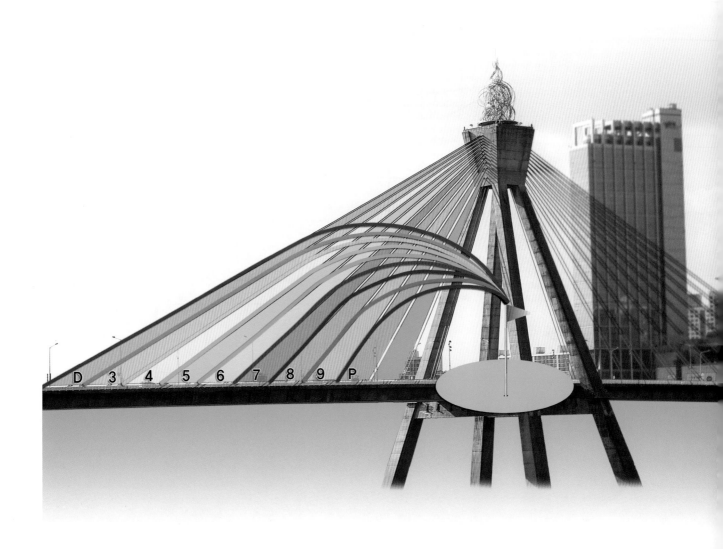

면과 도형의 합성

드라이버 또는 우드

🌓 페이드

볼이 삼각면을 따라 직선으로 날아가다가 끝에서 오른쪽으로 휘는 구질이다. 사각도형 오른쪽에서 왼쪽면을 공략한다. 골반스윙을 줄이고 가슴스윙으로 볼의 끝이 오른쪽 방향으로 돌아 도형 중심점에 떨어지게 한다.

60m

200~300m

🌙 드로

볼이 삼각면을 따라 직선으로 날아가다가 끝에서 왼쪽으로 휘어져 도형 가운데 떨어진다. 어드레스 때 왼쪽 손목을 몸쪽으로 당겨 손등에 있는 손가락 뼈 3마디가 보이도록 그립을 잡고 백스윙을 몸쪽으로 당겨 인사이드에서 팔로스루 인사이드로 스윙한다.

60m

200~300m

아이언 삼각면 공략법

 아이언

페어웨이에서 가상 삼각면을 만들고 아이언 클럽을 삼각면 위의 선 방향으로 던진다.

40m

80~180m

퍼터

오르막, 내리막, 평지 지형에 맞게 가상 삼각면을 만들고 퍼터 클럽 헤드를 삼각면의 경사를 기억하면서 스트로크한다.

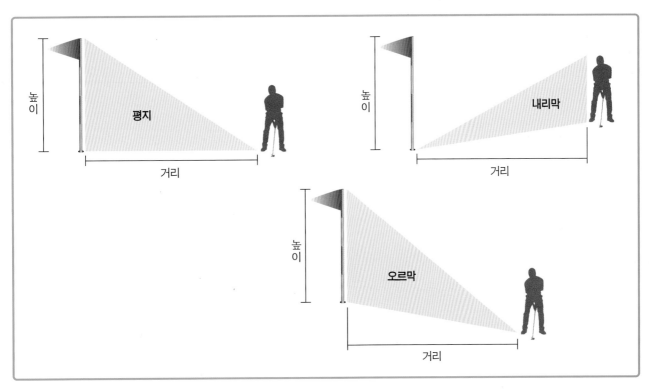

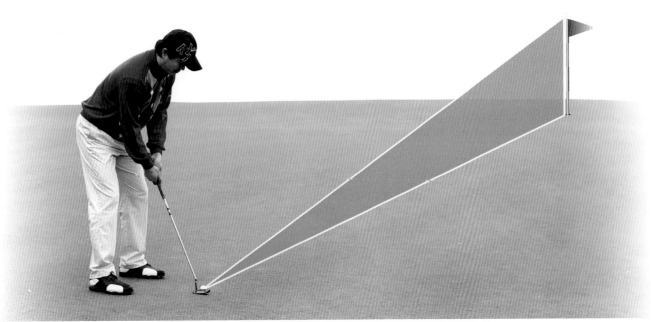

티잉 그라운드 활용법

　티잉 그라운드는 일반적으로 레이디 티(빨간색), 레귤러 티(하얀색), 챔피언 티(청색)로 구분된다. 정규 시합 때는 색깔별로 티 마크를 그라운드에 꽂아 사용하지만 평상시에는 청색 매트나 인조 잔디로 티 박스를 만들어 사용하는 컨트리클럽도 종종 있다.

　티잉 그라운드에서 클럽을 선택하기 전 자연에 대한 정보 수집을 해야 한다. 시작부터 점검과 정보 수집이 부족하면 좋은 결과를 기대할 수 없다. 수없이 많은 코스를 경험한 프로나 싱글 골퍼도 아주 작은 실수로 스윙을 망치는 경우가 있다. 티잉 그라운드 위에서는 본능적으로 점검과 정보 수집을 하고 교정까지 마쳐야만 한다. 각 골퍼마다 다양한 생각과 방법으로 준비를 해야 할 것이다.

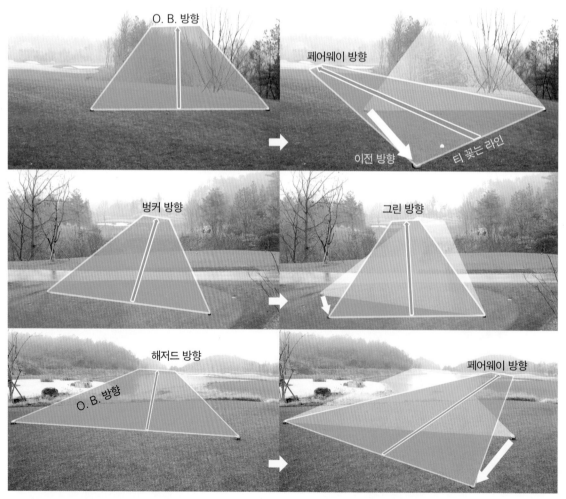

티잉 그라운드 위에서의 티 마크 방향

티잉 그라운드에서 주의 사항

1. 골퍼가 티잉 그라운드에 올라가서 티업(티를 꽂아 어드레스를 취하는 과정) 준비를 하면 조용해야 한다.

2. 티를 티 마크 전방에 꽂으면 벌타를 받는다.

3. 골퍼는 티잉 그라운드 마크 후방으로 드라이버 2클럽 안에서만 볼 티를 꽂을 수도 있다.

4. 거리 측정기 또는 그리핑 등 보조 용품을 사용해서는 안 된다.

5. 의도적으로 경기를 지연시키지 말아야 한다.

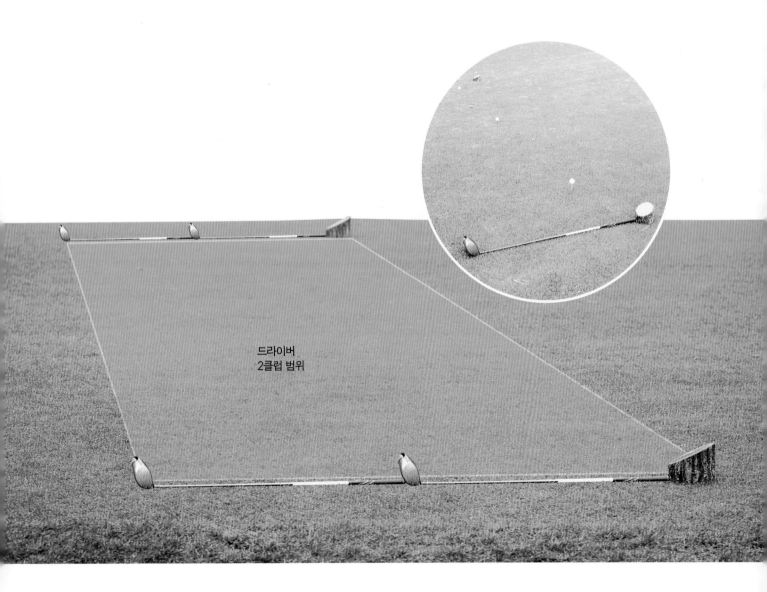

드라이버
2클럽 범위

티잉 그라운드 점검과 정보 수집

1. 티 마크는 이동할 수 있으나 티잉 그라운드는 이동이 불가능하다. 그러므로 먼저 티잉 그라운드의 전체적인 방향을 확인한다.

2. 티 마크가 그라운드 위에 어떤 방향으로 설치되었는지 확인한다(잘 모르면 항상 캐디에게 도움 받는 것이 좋다).

3. 슬라이스 방향 : 티 마크가 페어웨이 오른쪽 방향으로 설치되어 있다.

4. 스트레이트와 페어웨이 좌 · 우 한쪽으로 치우쳐 있는 티 마크 : 넓은 티잉 그라운드 잔디 위에 티 마크가 좌 · 우 한쪽 방향에 치우쳐 설치되어 있다.

5. 훅 방향으로 설치된 티 마크 : 티 마크가 페어웨이 왼쪽 방향으로 설치되어 있다.

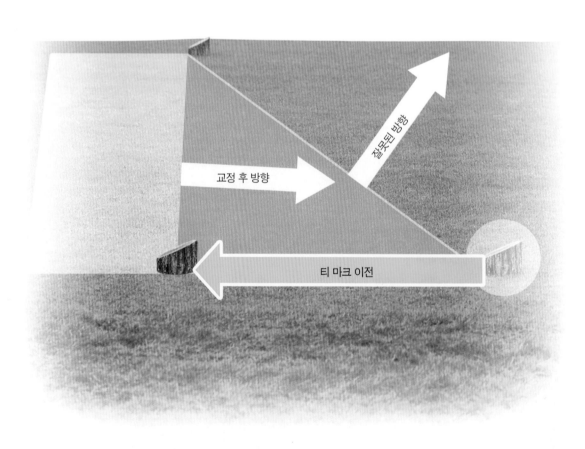

티잉 그라운드 바닥이 수평인지 확인하라

스탠스(발 위치)를 하고 볼이 놓여지는 곳의 평면 굴곡과 잔디 상태를 확인한다. 예를 들어 스탠스 자리가 5도 정도 기울어졌거나 볼보다 높거나 낮을 경우 교정하지 않고 스윙하면 큰 실수를 하게 된다. 티잉 그라운드에서 떨어져서 보면 굴곡이 보이지 않는다는 사실을 기억하라.

먼저 평탄한 위치를 찾아두는 것이 좋다.

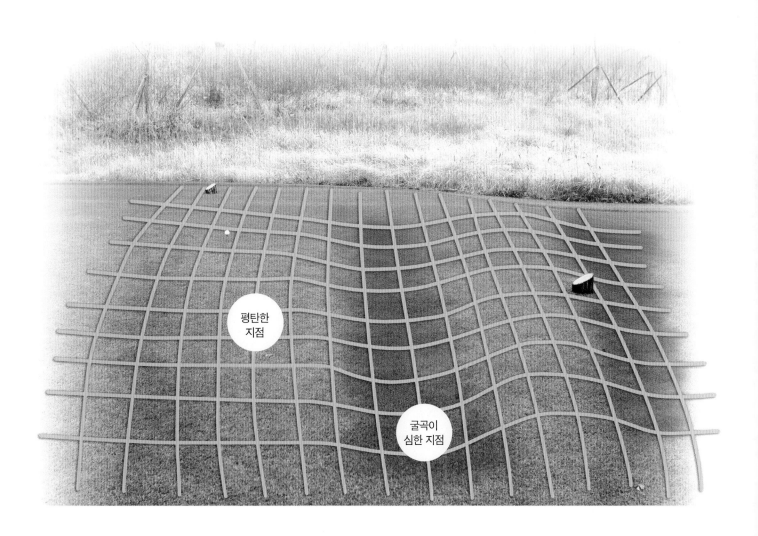

티 마크 교정 방법

처음 라운딩을 나가서 초급 골퍼나 중급 골퍼가 가장 많이 실수하는 이유 중 하나는
티 마크 방향이다. 알면서도 교정 방법을 몰라 대충 자리 잡고 첫 티 샷을 하는 경우가
많다. 삼각면 교정법을 적용해 보자.

기존 위치

삼각면 교정법 후 위치

심리적으로 셋업이 의심 갈 때

먼저 만들어진 티잉 그라운드와 티 마크가 페어웨이 방향과 일치하는지 확인해 두어야 한다. 심리적으로 셋업이 의심되면 그립을 풀고 점검을 다시 한다.

1. 티잉 그라운드가 슬라이스 방향인지, 스트레이트 방향인지, 훅 방향으로 만들어져 있는지 확인한다.

2. 티잉 그라운드에 꽂혀 있는 스타트 핀 방향을 점검한다.

3. 위 1, 2항이 일치하지 않으면 삼각면 교정법을 사용해야 한다.

4. 교정, 변경된 스타트 라인 위에 티를 꽂을 때 발이 놓이는 바닥을 점검해야 한다. 대부분 티잉 그라운드 바닥은 멀리서 보면 평평하지만 가까이 가서 보면 굴곡이 심하다. 스탠스가 5도 변하면 삼각면 교정법을 사용했을 때보다 더 큰 오차가 생기므로 주의한다.

심리적 셋업 의심   그립을 풀고 다시 점검

티잉 그라운드 드라이버 공략법

드라이버 티 샷을 하기 전에 티잉 그라운드에 서서 볼을 보내야 할 페어웨이에 연습장 푸른 그물망을 옮긴다.

다음 사진과 같이 그물망 대각선 모서리를 이용하여 삼각면을 만들어 만나는 점에 구심점을 만들고 왼쪽 어깨선과 허리(골반)선, 무릎선을 삼각면에 평행이 되게 맞추고 그물망 사각형 꼭짓점(목표점)을 향해 셋업한다. 에임 점검이 끝나면 가상으로 만들어진 삼각 경사면을 따라 클럽 헤드를 던져 스윙한다.

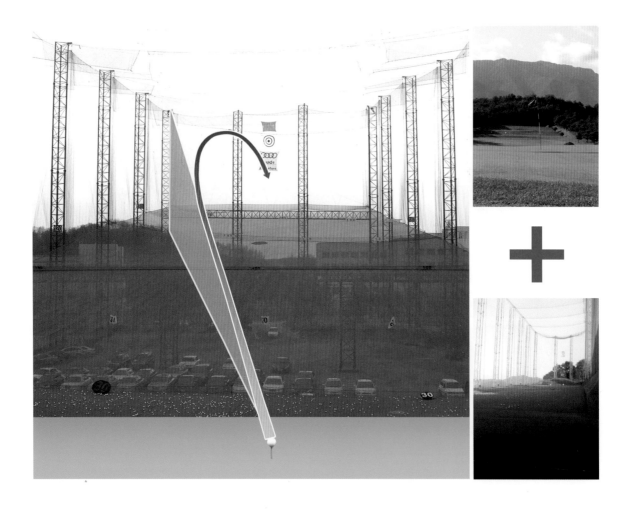

골퍼의 구질이 페이드인 경우

페이드(fade)는 키가 크고 근력(힘)이 좋은 서양인 체형을 가진 골퍼에게 가장 좋은 구질이다. 푸시 페이드(push fade)의 장점은 임팩트 순간 볼에 회전이 많이 걸려 퍼팅 그린에서 런(run)이 많이 생기지 않는다는 점이다. 볼 끝이 오른쪽으로 휘면 골퍼의 어드레스 앞쪽 방향이라 인체가 잘 적응하고 골퍼의 등쪽으로 휘어지는 드로 볼보다 정교한 착지점을 만드는 데 유리하다.

언젠가 필자는 부산 통도컨트리클럽 북코스에서 세미 프로와 라운딩을 하면서 티잉 그라운드 사용 위치가 나와 반대 방향인 것을 관찰했다. 필자는 대근육 가슴을 이용한 푸시 페이드 볼을 좋아하기에 티잉 그라운드 중앙 오른쪽을 선호하는 편이다. 그런데 필자와 경기한 세미 프로는 언제나 중앙 왼쪽 티잉 그라운드를 이용하여 완벽한 드로 푸시 훅(draw push hook) 볼로 클럽 헤드가 몸쪽 인사이드에서 아웃사이드로 정교한 스윙을 만들어 언제나 목표 방향 선상 왼쪽에 볼이 떨어졌다. 그는 어떤 생각으로 저렇듯 완벽한 푸시 드로 볼을 구사할까 하는 의문이 가기 시작했다.

하지만 후반 코스에서 시간이 갈수록 가끔 악성 푸시 훅이 걸려 볼이 넓은 페어웨이를 벗어나 러프에 떨어져 결국 롱 홀에서 6타 보기(bogey)를 하였다. 필자는 그 모습을 보면서 '아, 저 사람도 점에서 점을 연결하는 선을 공략하는구나. 저 사람도 도형을 이해한다면 악성 드로 볼은 피할 수 있겠구나' 라는 생각을 했다. 그날은 앞바람이 불어와 페이드 볼보다 드로 구질의 볼이 유리한 날씨였다.

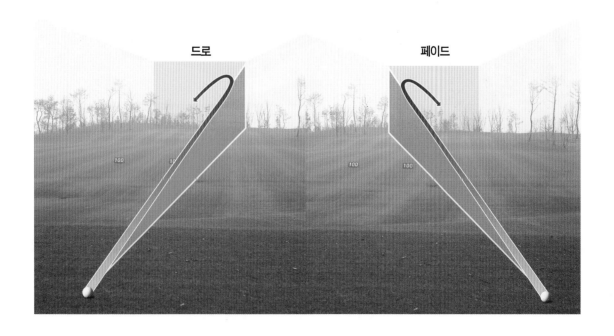

도그 레그 홀 티잉 그라운드 드라이버 공략법

도그 레그 홀은 페어웨이가 오른쪽 또는 왼쪽으로 굽은 코스로 개의 뒷다리 모양과 같다고 하여 유래된 용어이다. 대체로 도그 레그 홀은 거리는 짧으나 함정이 많아서 방심하다가 스코어를 망치는 일이 많으므로 안전하게 공략하는 것이 좋다. 예를 들어 3번 우드, 5번 아이언, 쇼트 아이언으로 공략하면 안전하다.

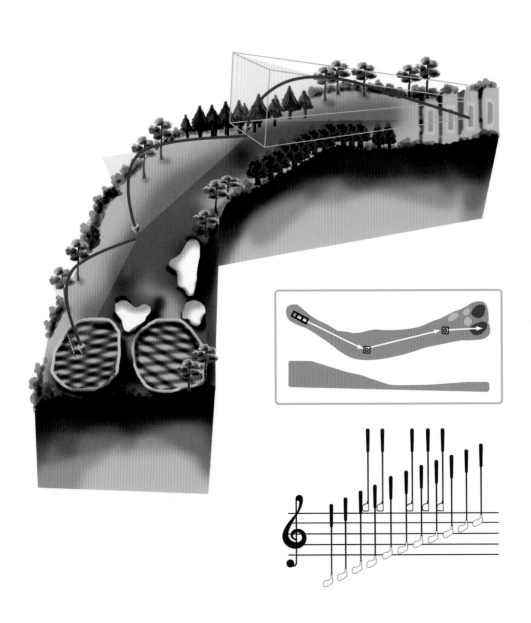

거리가 긴 롱 홀 티잉 그라운드 드라이버 공략법

아래처럼 홀이 내리막 또는 오르막에 있는 경우 볼이 내리막이나 오르막 경사면에 위치하지 않도록 평지까지 공략한다.

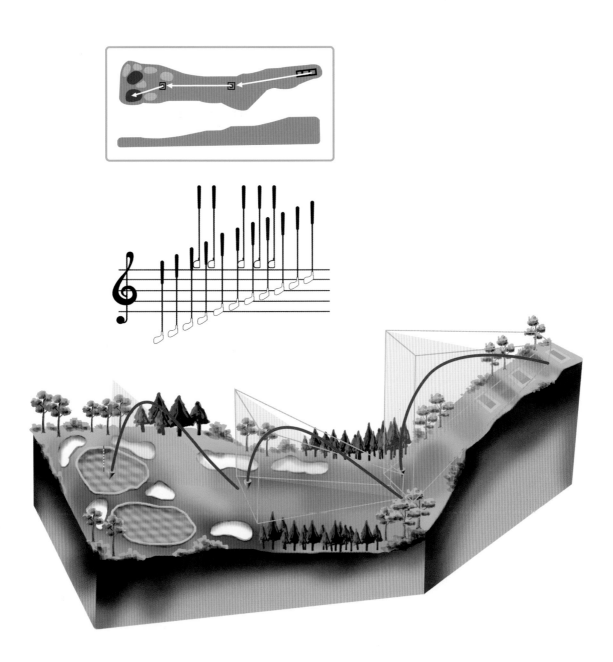

면과 도형을 이용한 코스 공략법

파4 미들 홀 코스 공략법

파4 미들 홀은 전체 18홀 중 가장 많은 10홀로 코스 형태와 거리가 매우 다양하다. 짧은 코스는 장애물 또는 자연을 이용하여 코스 난이도를 높게 만들어 골퍼들로 하여금 정확도를 요구한다. 반면 거리가 긴 홀은 400m 이상인 것도 있어 드라이버 평균 거리가 길지 않은 골퍼에게 퍼팅 그린까지 2온(two on)하기가 힘들다. 이런 경우 드라이버 비거리를 평균 250m 이상 보내야만 파 온 그린(par on green)이 가능하다. 또한 도그 레그 홀을 만들어 골퍼로 하여금 함정에 빠져 들게 하고, 드로 구질의 기술적 스윙을 요구한다.

일반적으로 아마추어 골퍼가 사용하는 하이트 티(레귤러 티)에서는 드라이버 비거리가 약 220m 정도이면 파 온이 가능하다.

HDCP	B/T	W/T	R/T	PAR
4	415	300	387	4

(단위 : 미터)

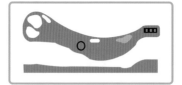

HDCP	B/T	W/T	R/T	PAR
19	343	326	308	4

(단위 : 미터)

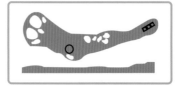

HDCP	B/T	W/T	R/T	PAR
5	362	345	327	4

(단위 : 미터)

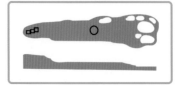

HDCP	B/T	W/T	R/T	PAR
17	284	254	231	4

(단위 : 미터)

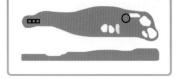

🌑 홀이 400m 이상인 경우

볼이 페어웨이를 벗어나지 않도록 하는 것이 매우 중요하다. 거리가 많이 남은 세컨드 샷을 생각해야만 한다. 롱 아이언, 또는 우드 공략은 볼의 위치가 중요하다. 드라이버 거리를 욕심내다가 잔디가 좋지 않은 러프나 경사면에 볼이 떨어진다면 위기를 맞게 된다.

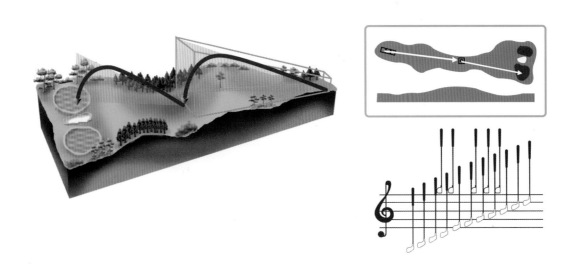

🌑 400m 이하인 경우

티잉 그라운드에서 클럽 선택이 중요하다. 세컨드 샷의 위치와 벙커, 장애물을 파악하고 그린 공략이 가장 좋은 위치를 선택한 후 클럽을 선택해야만 한다.

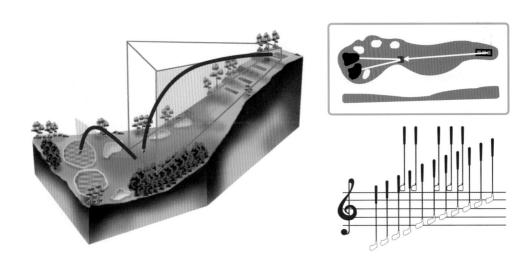

🌑 좌측 도그 레그 홀

티잉 그라운드 방향과 골퍼에게 자신 있는 볼의 구질 선택이 중요하다.

내리막 좌측 도그 레그 홀은 바람의 영향이 없다면 좌측에서 우측 방향 푸시 드로 볼이 좋다. 가장 좋은 것은 골퍼가 자신 있는 볼의 구질을 선택하여 가상 도형을 이용하는 것이다.

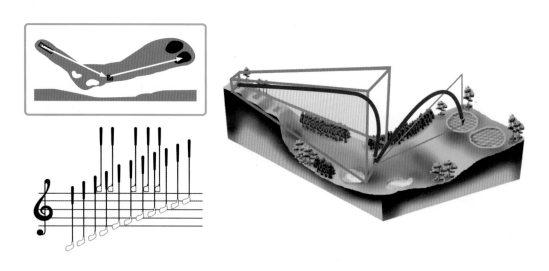

🌑 우측 도그 레그 홀

티잉 그라운드 방향과 골퍼에게 자신 있는 볼의 구질 선택이 중요하다.

티잉 그라운드 우측에서 박스 좌측을 향한 삼각면에서 셋업하여 푸시 페이드 볼로 공략하는 것이 좋다. 푸시 페이드 볼은 많이 구르지 않아 보다 정확한 위치로 간다.

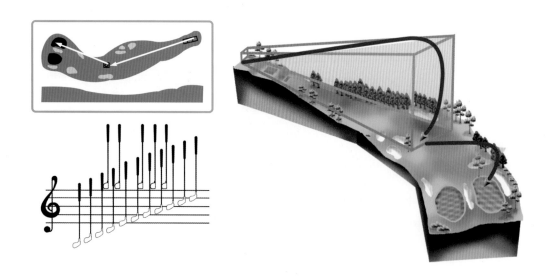

● 페어웨이가 오르막 또는 내리막인 경우

도형 공략법과 눈에 보이는 가상 목표점이 중요하다. 핀 위치와 주변 산봉우리를 확인한 다음 가상 목표점에서 볼까지 삼각면을 만든 후 삼각면에 평행하게 어드레스한다. 그리고 삼각면 위쪽 경사를 따라 클럽을 던진다.

오르막

내리막

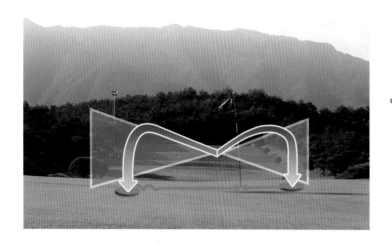

파3홀 쇼트 홀 코스 공략법

① 골퍼가 사용하는 클럽은 총이 아니다. 깃대를 공략하지 마라.

170m 이하

삼각면 공략법

② 삼각면 공략법은 170m 이하 바람이 불지 않을 때 적용한다.

170~230m 이상

사각도형 공략법

③ 170~230m 이상 거리 또는 좌·우 측면 바람이 불 때는 사각도형 공략법을 적용한다.

파5 롱 홀 코스 공략법

파5 롱 홀은 골퍼의 실력에 따라 격차가 가장 심한 홀이다. 그 이유는 거리 때문이다. 여기서 필자가 말하는 거리는 필드의 거리가 아니라 골퍼의 평균 비거리를 말한다. 이미 만들어진 코스는 변하지 않는다. 단지 코스 위로 계절마다 언제나 변화하는 자연(바람, 비, 눈, 안개 등)과 다양한 구질을 가진 골퍼들의 평균 거리가 변할 뿐이다.

롱 홀에서 2온(two on), 3온(three on), 4온(four on)의 차이는 단지 스코어 1타 차이가 아니며, 이글, 버디, 파의 차이도 아니다. 결국 상대 골퍼보다 한 번 더 샷을 해야 하는데, 이때 실수할 확률은 몇 타라고 단정할 수 없다. 이것은 퍼팅 그린에 3온을 한 골퍼가 버디 퍼팅에 실수할 확률이 0%라면 4온을 준비하는 골퍼의 샷은 100% 완벽한 스윙과 자연 조건이 따라 줘야만 버디가 가능한 확률 때문이다. 그 누가 100% 완벽한 샷을 한다고 확신할 수 있을까? 골퍼들이 원하는 것은 1타, 1타, 타수를 줄이는 것이다.

대부분 우리나라 컨트리클럽 롱 홀 코스는 드라이버 비거리가 250m 이상이면 2온이 가능하거나 퍼팅 그린 에지(edge) 주변까지 도달하도록 설계되어 있는 곳이 많다. 가끔 560m 이상 되는 코스에서도 드라이버 비거리로 인하여 서드 샷(third hot)으로 그린을 공략할 때 미들 아이언과 쇼트 아이언의 파 온 확률의 차이가 매우 크다. 비거리가 크면 필드에 만들어진 많은 장애물을 넘어갈 수 있는 장점이 있다.

HDCP	B/T	W/T	R/T	PAR
5	556	529	506	5

(단위 : 미터)

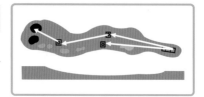

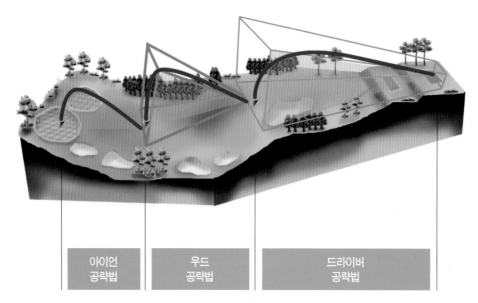

아이언 공략법	우드 공략법	드라이버 공략법

드라이버 – 우드 – 아이언 또는 우드 – 우드 – 아이언 – 드라이버 – 롱 아이언 – 아이언의 순서로 공략한다. 이는 홀 정보를 분석하여 선택하여야 한다.

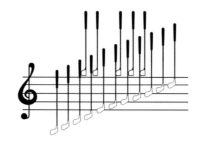

롱 홀 거리가 멀어 퍼팅 그린 공략을 3온으로 할 때나 골퍼의 비거리가 짧아 3온으로 공략할 때

이 책을 읽고 있는 골퍼가 'PART 6 골프에 좋은 운동법' 중 임팩트 순간 헤드 스피드(비거리)를 빠르게 하는 운동법을 하루 30분씩 1개월만이라도 꾸준히 연습한다면 현재보다 30m는 더 멀리 볼이 날아갈 것이다(한 달 후에는 파5 롱 홀이 기다려질 것이다).

HDCP	B/T	W/T	R/T	PAR
14	554	527	503	5

(단위 : 미터)

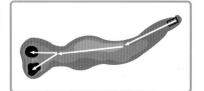

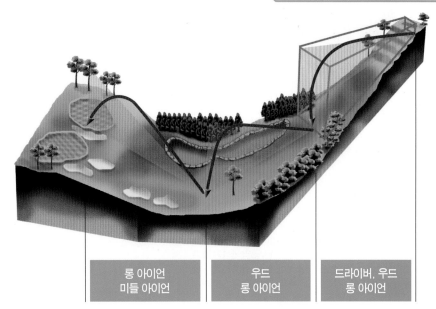

롱 아이언 미들 아이언	우드 롱 아이언	드라이버, 우드 롱 아이언

거리에 욕심내지 말고 적당한 롱 아이언을 반복하여 사용하면 환경으로 오는 불안함을 극복할 수 있다.

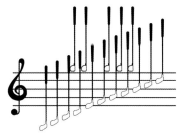

홀 페어웨이가 좁게 만들어져 정확도를 요구하는 경우

HDCP	B/T	W/T	R/T	PAR
8	503	471	450	5

(단위 : 미터)

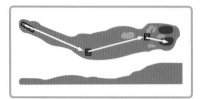

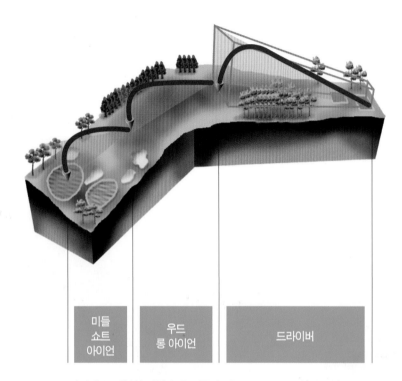

미들 쇼트 아이언	우드 롱 아이언	드라이버

이런 홀은 대부분 키가 높은 나무가 가로 막고 있어 코스 방향으로 돌아가는 것이 올바른 공략법이다. 충분한 거리 공략으로 마지막 그린 공약에서는 쇼트 아이언을 사용하여 볼을 정지시키는 것이 중요하다. 위와 같은 포대 그린에서는 미들 아이언으로 공략 시 볼을 세우기가 어렵다.

홀 거리는 짧으나 도그 레그로 만들어졌을 때

세컨드 샷 또는 서드 샷 퍼팅 그린 공략법

안전하고 확률이 높은 그린 위치를 선택해야 한다. 홀 컵 깃대를 공략하면 볼이 깃대에서 멀어진다.

🌙 정보 수집으로 면과 도형 만들기

퍼팅 그린 위 홀 컵에 꽂혀 있는 깃발의 위치(전, 후, 좌, 우)를 라운딩하기 전 첫 홀에서 확인할 수 있지만 재확인하기 바란다.

🌙 퍼팅 그린 주변 높은 산봉우리나 계곡, 높고 낮은 쪽 방향 확인

일반적으로 산봉우리쪽이 높다.

🟡 퍼팅 그린 주변의 장애물(벙커, 해저드)

그린 주변에 해저드가 있으면 해저드 거리의 10%를 더 길게 보아야 한다. 예를 들어 그린 공략 실거리가 100m이고, 중간에 해저드가 50m이면 155m로 공략 거리를 계산해야 한다. 대기 중에 습도가 높으면 볼이 저항을 받아 평소보다 짧게 날아가기 때문이다.

날씨가 흐리고 습도가 높으면 약 20%까지 더 길게 보는 것이 안전하다. 또한 사진과 같이 볼의 구질을 확실히 정한 다음 삼각면 공략법으로 그린 사각 지역을 공략해야 한다. 오른쪽에 깃대가 있으면 왼쪽을 공략하여 페이드 볼을 치는 것이 유리하다.

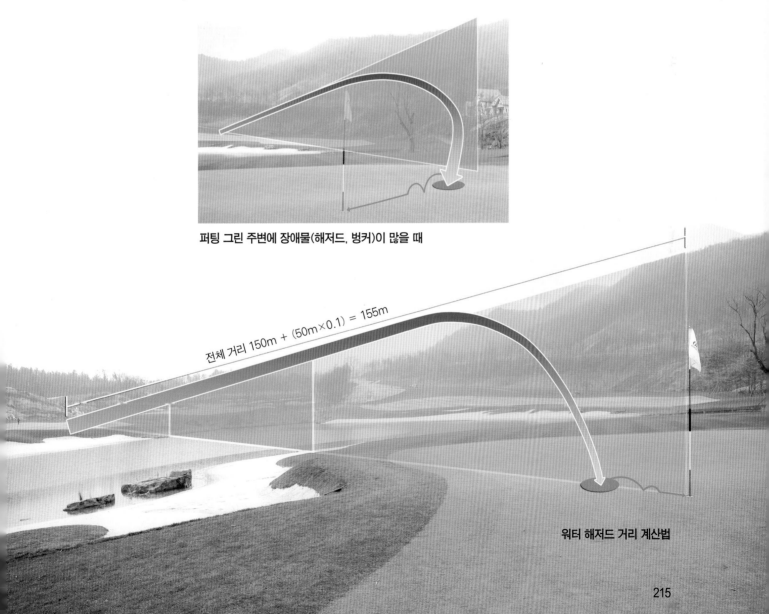

퍼팅 그린 주변에 장애물(해저드, 벙커)이 많을 때

전체 거리 150m + (50m×0.1) = 155m

워터 해저드 거리 계산법

🌙 퍼팅 그린이 포대 그린이거나 내리막 그린

스탠스 오른발에 체중을 두고 오른쪽 축으로 볼을 높게 가져가야만 한다.
또한 볼의 운동 에너지를 줄여야 한다.

포대 그린

클럽 페이스를 열어 로프트 각을 크게 가져가 볼에 백스윙을 많이 준다.
이때 손목을 절대 사용하면 안 된다.

내리막 그린

언덕과 경사면

필드에서는 어느 곳이나 오르막과 내리막이 있다고 항상 생각해야 한다. 그리고 습관적으로 경사각을 읽어 내야만 한다. 아무리 작은 경사각이라도 스윙 아크에 영향을 주기 때문이다. 평소에 관심 있게 보면 평지처럼 보이는 작은 경사는 볼의 위치 이동으로 해결할 수 있다. 사실 이 정도 관심이 있으면 볼을 이동시켜 교정하지 않아도 자율신경이 감지하여 스윙한다. 하지만 관심도 없고 어떠한 조치도 하지 않는다면 볼은 생각지도 않는 곳으로 날아가버릴 것이다.

초보 · 중급 · 싱글 · 프로 골퍼 모두 다 경사면에서 하는 스윙은 어렵다고 생각한다. 경사면에 놓여 있는 볼을 보고 초보자는 '재수 없다'고 할 것이며, 중급자는 현실을 파악하지 못한 채 꽂혀 있는 그린 깃대만 바라볼 것이고, 싱글 골퍼는 파를 하기 위해 그린 주변 상황을 분석하여 조치할 것이다. 프로 골퍼라면 어떻게 할까. 사실 필자도 그들이 무슨 생각을 하는지 잘 모른다. 단지 'PART 4 레인보우 골프'에 제안한 방법을 적용하여 경사면에서도 최고의 샷을 할 수 있기를 바랄 뿐이다.

골퍼가 친 볼이 경사면에 있다면 바로 전 스윙이 바르지 않았거나, 목표를 잘못 설정했거나 분명 문제가 있었을 것이다. 그러므로 먼저 골퍼는 자신의 인체에 문제가 있는지 감지해야만 한다. 그리고 잘못된 결과를 인정하는 것이 중요하다.

그동안 설명한 '레인보우 골프' 이론과 경사면 어드레스와 스탠스 폭을 적용해 보라. 경사면에서는 스탠스 폭이 가장 중요하다. 다음으로 그린 주변과 깃발 위치, 그린 모양, 기후 등과 같은 정보를 수집하면 골퍼의 뇌가 어떻게 해야 할지 정리해 줄 것이다. 마지막으로는 사진과 같이 경사 각도에 따라 그린과 깃발을 이전하여 삼각면을 만들어라. 그리고 삼각면을 향해 스윙하라.

경사면 클럽 보정표

(클럽 로프트각 + 경사각) – 보정값(어깨선 체중 이동각)

= 로프트 접근각(볼의 비행각)

경사면에서 볼을 처리한다는 것은 매우 어렵다. 그것은 경사 각도에 따른 공학적 이론 때문이다. 아래 보정표를 숙지한 다음 적용해 보자.

경사면 클럽 보정표

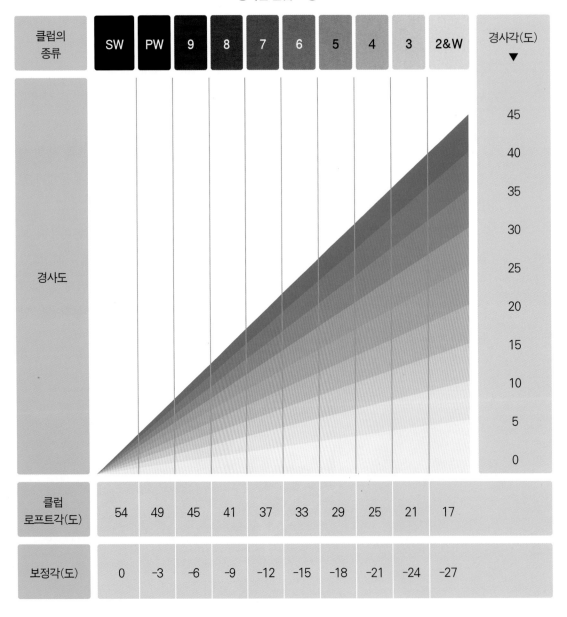

클럽의 종류	SW	PW	9	8	7	6	5	4	3	2&W	경사각(도) ▼
클럽 로프트각(도)	54	49	45	41	37	33	29	25	21	17	
보정각(도)	0	-3	-6	-9	-12	-15	-18	-21	-24	-27	

오르막 경사에서 솔의 로프트 접근각이 55도가 넘으면 임팩트가 정확하지 않으며 스위트 스팟이 좋지 않다.

41도

8

20도

오르막 경사에서 스윙할 시 인체 구심점과 솔 접근 장면

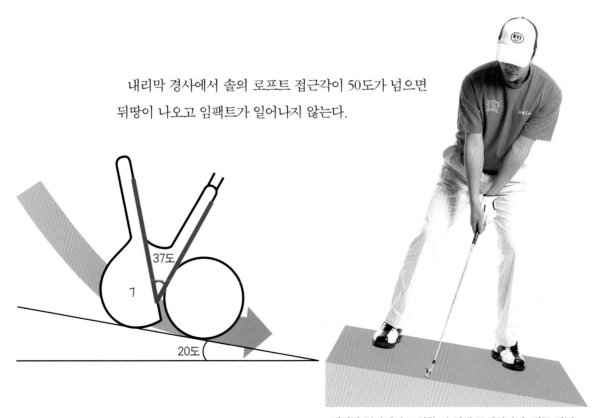

내리막 경사에서 솔의 로프트 접근각이 50도가 넘으면 뒤땅이 나오고 임팩트가 일어나지 않는다.

37도

7

20도

내리막 경사에서 스윙할 시 인체 구심점과 솔 접근 장면

오르막과 내리막 경사도에 따른 클럽 선택표

예를 들어 경사각이 40도일 때는 클럽 5, 4, 3번 아이언이 적합하다. 다른 클럽을 사용하면 정확성이 떨어진다.

경사각(도)	오르막 경사									내리막 경사
5	SW	PW	9	8	7	6	5	4	3	9번 아이언 이상
10	PW	9	8	7	6	5	4	3		9번 아이언 이상
15	9	8	7	6	5	4	3			8번 아이언 이상
20	8	7	6	5	4	3				7번 아이언 이상
25	7	6	5	4	3					7번 아이언 이상
30	7	5	4	3						6번 아이언 이상
35	6	5	4	3						5번 아이언 이상
40	5	4	3							4번 아이언 이상
45	4	3								4번 아이언 이상

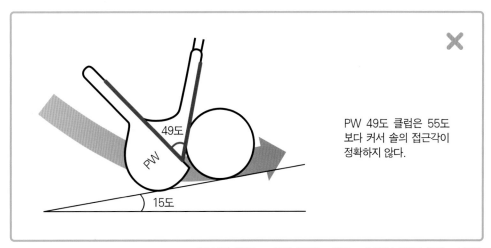

PW 49도 클럽은 55도
보다 커서 솔의 접근각이
정확하지 않다.

(경사각 15도 + PW 49도) - 3도 = 61도 〉 55도 (NO : 나쁨)

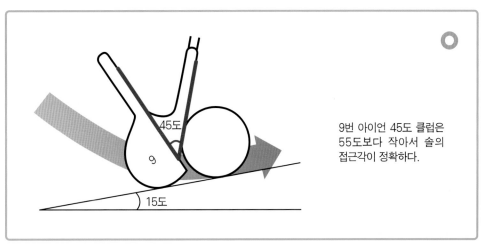

9번 아이언 45도 클럽은
55도보다 작아서 솔의
접근각이 정확하다.

(경사각 15도 + 9번 아이언 45도) - 6도 = 54도 〈 55도 (OK : 좋음)

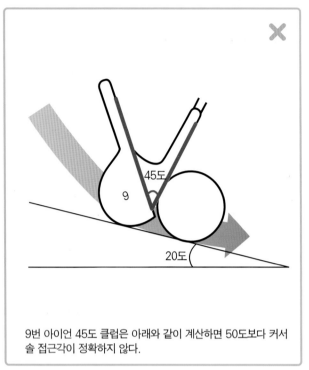

9번 아이언 45도 클럽은 아래와 같이 계산하면 50도보다 커서 솔 접근각이 정확하지 않다.

(경사각 20도 + 9번 아이언 45도) - 6도 = 59도 〉50도 (NO : 나쁨)

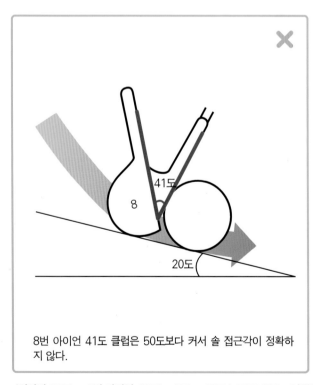

8번 아이언 41도 클럽은 50도보다 커서 솔 접근각이 정확하지 않다.

(경사각 20도 + 8번 아이언 41도) - 9도 = 52도 〉50도 (NO : 나쁨)

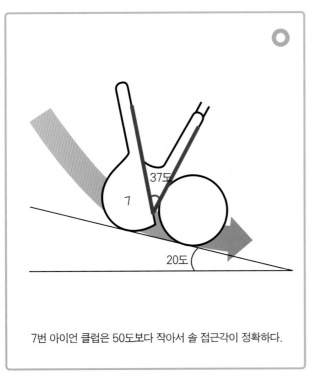

7번 아이언 클럽은 50도보다 작아서 솔 접근각이 정확하다.

(경사각 20도 + 7번 아이언 37도) - 12도 = 45도 〈 50도 (OK : 좋음)

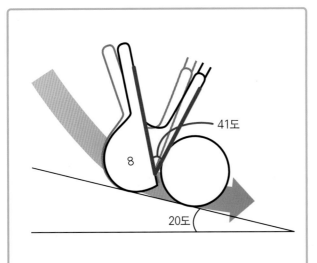

경사가 20도일 때 8번 아이언으로 핸드 퍼스트로 클럽 로프트 각도를 7번(37도) 클럽이나 6번(33도) 클럽으로 만들어 샷을 할 수는 있으나, 경사면에서 안정된 풀스윙(full swing)은 불가능하다. 앞에서 언급한 경사면 클럽 보정표와 오르막과 내리막 경사도에 따른 클럽 선택표는 모든 경사에 적용되며 좋은 결과를 얻는 데 도움을 준다.

(경사각 20도 + 8번 아이언 41도) - 9도 = 52도 〉 50도 (NO : 나쁨)

목표로 했던 지점

실제 날아가는 지점

30도 경사에 비례하여
목표를 조정
30도

30도

앞발가락 30도 경사

앞발 경사면 목표 조정법 : 어드레스 위치의 경사도에 비례하여 목표를 조정한다(예 : 앞발가락 경사 30도).

목표로 했던 지점

실제 날아가는 지점

30도

경사에 비례하여
목표 조정

발뒤꿈치 30도 경사

발뒤꿈치 경사면 목표 조정법(예 : 발뒤꿈치 경사 30도)

목표로 했던 지점

실제 날아가는 지점

45도

경사에 비례하여
목표 조정

발뒤꿈치 45도 경사

45도

발뒤꿈치 경사면 목표 조정법(예 : 발뒤꿈치 경사 45도)

쇼트 게임

　퍼팅 그린 주변에 있는 볼을 홀 컵에 넣거나 가까이 가게 하는 기술이다. 쇼트 게임에 사용되는 클럽은 대부분 짧고 로프트 각도가 크다.

　볼이 놓인 경사도나 잔디의 상태에 따라 긴 클럽을 사용하는 때도 있으나, 역시 그립을 내려 잡고 짧게 사용한다. 쇼트 게임은 거리보다 방향성과 정확성을 요구하기 때문이다. 일반 아마추어 골퍼는 연습량이 부족하기 때문에 2개 정도의 클럽(SW, 9번 아이언)으로 집중 연습하여 필드에서 사용하는 것도 좋은 방법이다.

　쇼트 게임에서 중요한 것은 볼이 위치한 라이(경사)와 잔디의 상태이다. 'PART 4 레인보우 골프'에서는 볼이 놓인 상태에 따라 클럽을 선택하고 보정하는 방법을 수학적으로 접근했다. 특히 초보 골퍼는 파 온을 실패하고 심적 부담이 클 때나 매우 다양한 조건에서도 한결같이 PS, SW, LW 클럽만을 사용하는 경향이 있다. 옆에서 보면 참 안타까운 일이다.

　요즘은 특히 크리블랜드란 52~60도 클럽을 사는 싱글 골퍼를 많이 볼 수 있는데, 유난히 많은 사람들이 56도 웨지로 체중을 왼발에 놓고 핸드 퍼스트를 한 다음 클럽 페이스를 40도로 만들어 피칭 샷(pitching shot)을 한다. 정말 감탄할 정도로 핀에 잘 갖다 붙인다.

　필자는 가까운 친구가 클럽 하나로 로프트 각도를 자유롭게 만들어 사용하는 것을 보고 한때 부러워하기도 했다. 그 친구는 지금도 무서운 싱글이라는 소리를 듣는다. 문제는 그 친구가 지금도 드라이버부터 롱 아이언, 미들 아이언 모두 다 펀치 샷을 한다는 것이다. 필자가 옆에서 지켜본 것만해도 10년이 넘었는데, 그렇다면 그는 얼마나 많은 노력을 했을까?

　쇼트 게임에서도 리듬과 템포가 중요하다. 필자는 처음 골프책을 보고 연습할 때 '하나' 하면서 백스윙을 하고, '둘' 하면서 다운스윙을 했다. 현재는 '하나' 하면서 백스윙을 하고, '둘' 하면서 오른쪽 무릎을 목표 방향으로 돌려 왼쪽 무릎으로 가져간다. 이때 최대한 손과 팔은 사용하지 않으려고 노력한다.

　21세기는 정보화 시대다. 정보화의 필수 조건은 속도이다. 서점에 수많은 골프 서적이 있지만, 단 한 권도 잘못된 이론을 담고 있는 것은 없다. 하지만 속도면에서는 분명 차이가 있다. 어떤 책이든 감명을 받고 실전에 옮겼을 때, 빠른 시간 안에 만족할 만한 성과를 얻게 한다면 정말 좋은 책이다. 필자도 골프를 처음 배울 때 『벤 호건의 모던 골프』를 읽은 이후 많은 책을 접하면서 색다른 이론에 관심을 가졌다.

쇼트 게임은 먼저 뜨는 볼보다 구르는 볼에 관해 더 많은 정보를 받아 들여야 한다. 쇼트 게임에서 로브 샷으로 백스윙을 하는 장면은 그리 흔하지 않다. 결국 칩 샷이든 피칭 샷이든 볼이 그린에 착지 후 굴러서 홀 컵에 가까이 가거나 들어갈 확률이 높다.

쇼트 게임에서는 어떤 샷이든 다운스윙 때 오른쪽 손목 사용 각도에 따라 클럽 페이스 접근 각도가 달라진다. 또한 클럽 페이스를 열면 접근 각도가 커져 볼이 더 높이 뜨게 된다. 예를 들어 사진과 같이 볼이 놓인 잔디가 좋지 않고 앞에 벙커가 있다면 클럽을 샌드웨지나 피칭웨지, 혹은 9번 아이언으로 선택하고 다운스윙 때 오른쪽 손목을 사용하여 볼을 그린에 올리는 것이 좋다.

쇼트 게임의 종류

● **칩 샷**(chip shot) : 치핑 샷(chipping shot), 핀치 샷(pinch shot), 커트 핀치 샷 (cut pinch shot)

● **피칭 샷**(pitching shot) : 피치 앤드 런 샷(pitch and run shot), 하이 피칭 샷 (high pitching shot), 커트 피칭 샷(cut pitching shot)

● **로브 샷**(lob shot)

◗ 칩 샷의 캐리(carry)와 런(run) : 구심력스윙

그린 주변에서 가장 많이 사용되는 칩 샷은 상황에 따라 적합한 클럽을 선택하는 것이 중요하다. 치핑 샷을 할 때는 왼손 엄지손가락을 길게 뺀 롱 섬(long thumb)으로 그립을 잡고 손목을 고정한 다음 어깨만을 사용하여 퍼팅 스토로크를 한다(이 방법은 30m 이하에서 주로 사용된다).

핀치 샷(pinch shot)은 볼이 놓인 라이(lie)가 좋고 홀 컵이 가까이 있을 때 클럽 헤드

무게로 샷을 하는 방법으로, 그립을 롱 섬으로 잡으면 부드럽게 클럽 헤드를 떨어트릴 수 없다. 하체 무릎을 조금 사용하는 것이 좋다.

손과 손목을 사용하지 않는 것이 좋다.

스탠스는 두 발을 좁히는 것이 좋다.

체중은 왼발에 두고, 어깨로 클럽을 시계추 모양처럼 부드럽게 흔든다.

그립을 지긋이 잡는 것이 좋다.

피니시 동작은 솔 위에 컵을 올릴 수 있는 것이 좋다.

볼의 위치와 홀 컵까지 경사에 따라 7번~피칭 아이언을 사용하는 것이 좋다.

칩 샷

🌑 피칭 샷 : 원심력스윙

피칭 샷은 칩 샷과 달리 대근육 가슴과 오른쪽 무릎을 사용하여 스윙한다. 쇼트 게임은 크게 칩 샷과 피칭 샷으로 구분하여 연습하는 것이 좋다. 피칭 샷은 칩 샷보다 샤프트 탄성을 많이 이용하므로 클럽

헤드를 잘 뿌린다는 기분으로 스윙해야 한다. 템포는 '하나, 백(back), 둘'을 속으로
말하면서 유지하고 오른쪽 무릎을 돌리며 연습한다.

스탠스 시 왼발을 오른발보다 10m 정도 뒤로 빼서 A자 모양이 되도록 연다.

골반과 가슴을 직각으로 유지한다.

체중을 왼발에 두고 머리와 시야를 볼 뒤쪽에 둔다.

손목을 풀어 팔의 근육 긴장을 푼다.

왼발 체중

피칭 샷

🌙 로브 샷

가끔 홀 컵이 그린 앞쪽에 위치하거나 장애물(모래 벙커)을 지나 바로 앞에 있으면 로브 샷을 한다. 로브 샷은 홀 컵 가까이 볼을 정지시키는 기술이다(평지, 작은 경사에서 볼이 잔디 위에 떠 있을 때 하여야 한다).

스탠스, 무릎 골반, 가슴을 타깃 왼쪽으로 열어서 정렬한다.

클럽 페이스를 조건에 따라 열고 타깃 오른쪽을 향하게 한다.

● 볼은 왼발 앞에 놓는다.

● 체중은 오른발에 많이 둔다.

백스윙은 크고 느리게 그리고 낮게 가져가 타깃 오른쪽을 겨냥한다.

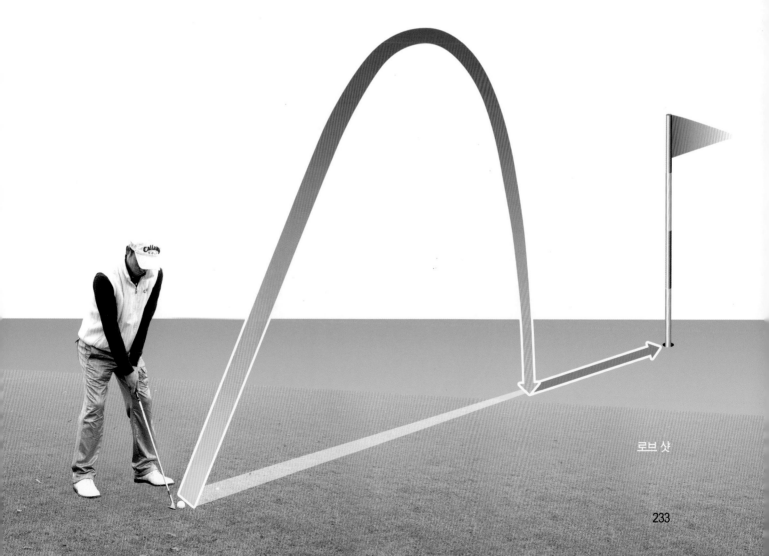

로브 샷

233

볼이 놓인 잔디 상태에 따른 스탠스 위치

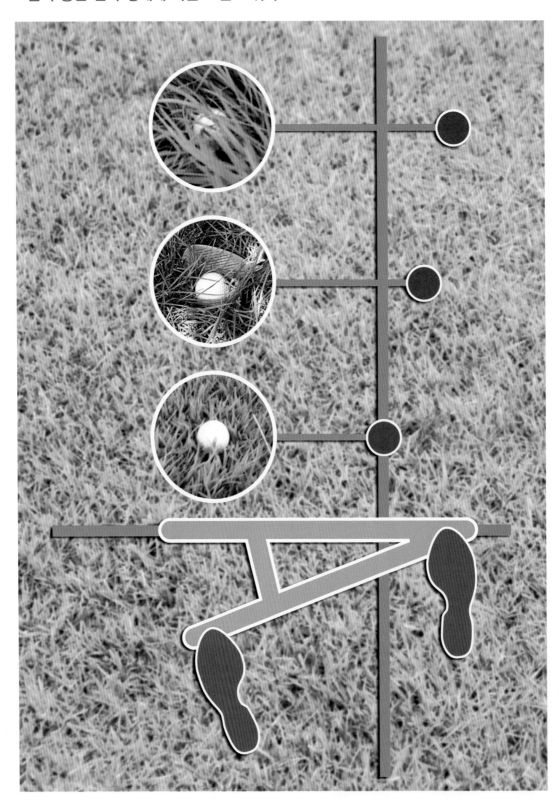

경사에 따른 볼 위치

235

쇼트 게임 삼각면 응용법

　볼을 홀 컵에 가까이 붙이거나 한 번에 넣기 위해 라인 업(line up) 주변을 돌면 경사, 잔딧결 등 그린 정보를 수집할 수 있다. 퍼팅 가상 홀 컵 이전법처럼 볼을 띄워서 떨어트려야 할 위치와 볼이 굴러가야 할 라인을 정하고 샷을 해도 만족할 만한 결과는 잘 나오지 않는다.

　홀 컵에 가까이 볼을 보내지 못하는 이유는 우측 뇌에 정보(기억력)가 저장되는 방법의 문제다. 또 다른 이유는 어드레스가 바로 되지 못했기 때문이다.

　이 시각부터 기억 방법을 사진과 같이 바꾸어 보자. 선과 삼각면을 기억하면 샷이 끝난 후에도 머리에 남아 있게 될 것이다.

　목표점을 이동하면서 제일 먼저 삼각면의 꼭짓점을 밀었다 당겼다 하면서 그린 경사를 조절해 보라. 그 다음에는 정한 꼭짓점으로 핀(pin)을 이동해 보자. 핀 상단에서 볼까지 가상선을 내려 수직 삼각면을 만들고, 삼각면 앞에 서서 셋업하여 클럽 헤드를 삼각 경사면에 따라 스윙해 보라. 그리고 마지막까지 볼이 홀 컵으로 굴러 들어가는 것을 상상해 보라. 이제 이 책에 기록한 골프가 정말 재미있어질 것이다.

　※ 가상 홀 컵이란 골퍼가 경사를 읽고 런을 계산하여 아래와 같이 가상으로 이전하는 방법이다.

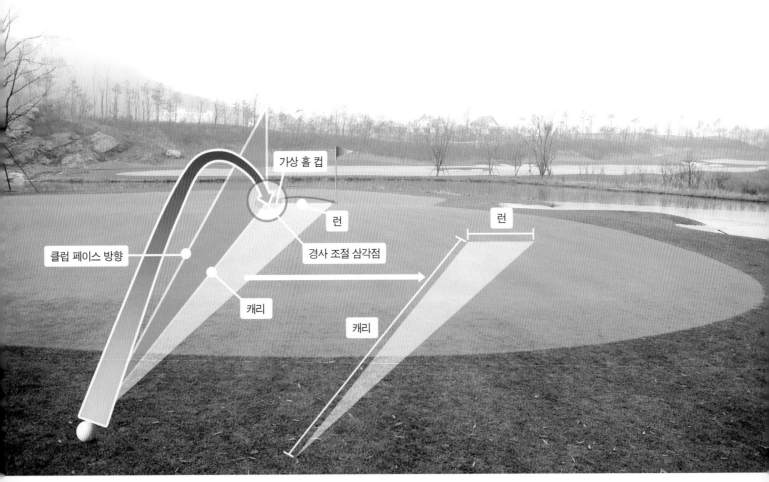

쇼트 게임 차트

| 1 | 정보 수집 |

↓

| 2 | (가상) 목표점 저장 |

↓

| 3 | 교정 |

↓

| 4 | 삼각면 수정 |

↓

| 5 | 삼각면 구상 |

↓

| 6 | 캐리와 런 분배 |

↓

| 7 | 핀 이동 |

↓

| 8 | 가상 수직 삼각면 확인 |

↓

| 9 | 몸을 가상면에 맞추는 셋업 |

↓

| 10 | 클럽 페이스 경사 구상 |

↓

| 11 | 볼이 라인 업으로 굴러가는 이미지 구상 |

↓

| 12 | 삼각 경사면을 따라 클럽 헤드를 보낸다 |

삼각면 이해하기

앞에 나온 차트를 보면 쇼트 게임이 매우 복잡하고 어렵게 느껴질 것이다. 2개의 삼각면을 느끼면서 쇼트 게임 차트를 한 번 따라 해 보자. 쇼트 게임 차트를 일일이 외우지 않아도 우리 인체는 삼각면에 따라 자유롭게 적응하게 될 것이다.

🌑 내리막 경사면에서 볼을 오르막으로 보내는 피칭 샷을 할 때

피치 앤드 런 샷 또는 커트 피칭 샷을 한다. 즉, 피칭이나 어프로치(A)를 선택하여 클럽 페이스를 열고 아웃에서 인사이드 방향의 구심력스윙으로 경사면에서 볼을 띄우면서 스핀을 많이 주어 홀 컵 우측을 공략해 보자. 이때 왼쪽 엄지손가락은 미들 섬으로 잡는 것이 좋다.

아래쪽으로 굴곡이 있다.

어깨

골반

스탠스

🌙 평지에서 피칭 샷을 할 때

평지에서 피칭 샷은 볼의 위치에 따라 변화한다. 피치 앤드 런 샷, 하이 피칭 샷, 커트 피칭 샷 등을 구사할 수 있다. 아래는 2단 그린으로 하이 피칭 샷이 적합하다.

🌙 앞쪽 오르막 경사가 40도이고, 스탠스를 평지 벙커에서 할 때

클럽은 피칭 이상을 4클럽(2인치) 짧게 내려 잡고 가상 목표 방향을 공략한다. 이때 볼과 스탠스 중 어느 하나만 경사면에 위치하면 가상 목표 방향의 각도는 1/2로 줄여서 공략한다.

🌑 그린 주변이 급경사일 때

그린 주변이 40도 이상 경사일 때는 몸의 중심을 오른쪽에 두고 삼각면을 기준으로 오픈 스탠스를 한다. 가슴을 열고 어드레스한다. 피칭 이상 클럽을 사용하여 짧게 잡고 경사면에 따라 하이 피칭 샷을 구사해 보자.

🌑 볼이 오르막 경사면에 놓여 있을 때

로브 샷 또는 커트 피칭 샷을 선택하는 것이 좋다.

커트 피칭 샷은 클럽 페이스를 조금 열고 왼손을 스트롱 그립으로 닫고 스윙하면 만들어진다. 보다 많은 스핀으로 그린에서 볼을 정지시킬 수 있는 방법이다.

🌗 홀 컵이 그린 가까이에 위치할 때

잔디 위에 놓인 볼의 상태에 따라 샷을 선택하여야 한다. 잔딧결이 역 방향이면 로브 샷은 피하는 것이 좋다. 잔디가 짧고 건조하면 피치 앤드 런 샷도 좋은 방법이다. 몸의 중심은 왼쪽, 볼 위치는 중앙이 좋다.

하체를 조금 사용하여 클럽 헤드 무게로 핀치 샷을 하는 것이 좋다. 이때 클럽 바운스를 볼 위에 떨어트리는 느낌으로 다운스윙한다. 왼손 엄지손가락은 쇼트 섬을 하는 것이 좋다.

🌑 홀 컵이 보이지 않을 때

언덕 아래에 볼이 위치하여 홀 컵 방향과 핀이 잘 보이질 않을 때 언덕 위 보이는 곳으로 삼각면을 이전하여 만든다. 이때 주의할 점은 그린이 보이지 않아 눈으로 거리가 감지되지 않는 것이다. 하이 피칭 샷과 로브 샷을 할 때는 한 번 더 거리를 확인하는 것이 좋다.

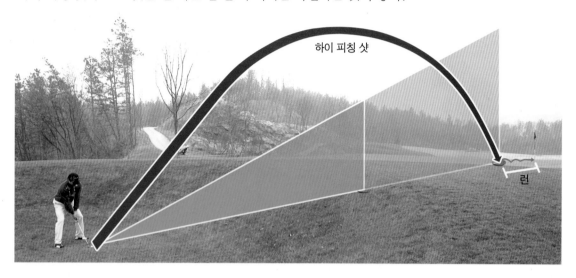

🌑 볼은 그린 가까이 에이프런에 있고 홀 컵은 그린 멀리 있을 때

가장 많이 사용하는 칩 샷으로 체중을 왼쪽 축에 두고 손목을 고정한 다음 퍼팅 스트로크와 같이 어깨 축으로 스윙하면 치핑 샷이 만들어진다.

🌑 50m 이상 그린 공략법

경사에 따라 가상 목표 삼각면에 맞추어 몸의 중심을 잡는 것이 중요하다. 스탠스 폭은 경사도에 따라 넓게 벌려 가슴스윙을 유도한다. 잔디 위에 놓인 볼의 상태에 따라 클럽을 선택하고, 스윙의 크기와 속도로 거리를 조절한다.

🌑 50~80m 평지 공략법

삼각면에 맞추어 셋업하는 것이 중요하다. 바람, 기후 그린의 상태를 감지하고 그린에서 볼의 움직임을 상상해 보자. 스탠스는 일반 보폭을 취한다. 눈높이는 삼각면의 꼭짓점을 수평으로 인식한다.

장애물 뒤 그린 공략법

하이 피칭 샷을 한다. 홀 컵이 전방에 있
는 벙커를 지나 그린 뒤쪽에 있으므로 그린
에서 런을 유도한다. 볼은 중앙에 두고 체중
은 뒤쪽에 두어 몸의 균형을 잡는다.

체중이 왼발에 있으면 손목을 사용해야
하지만 체중이 두 발에 균등하게 있거나 오
른발에 있으면 손목을 사용하지 않는다. 천
천히 스윙하여 볼의 속도를 줄인다.

다양한 쇼트 게임의 종류와 모형도

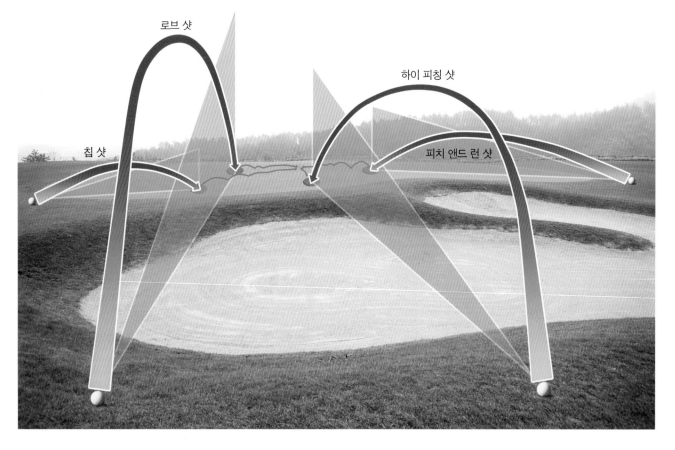

로브 샷

하이 피칭 샷

칩 샷

피치 앤드 런 샷

🏌 러프에서의 쇼트 게임

러프에서 솔 각도가 큰 클럽(54도 이상)을 가지고 로브 샷 또는 하이 피칭 샷을 하면 볼을 정확한 거리로 보내기가 매우 어렵다. 특히 바운스의 각도가 큰 클럽이라면 더욱 어렵다. 이러한 경우 최고의 샷을 만들 수 있는 방법은 다운스윙 속도를 줄이는 것이다. 최대한 천천히 클럽을 떨어트려야 풀의 저항을 막을 수 있다.

🏌 잘못된 쇼트 게임

경사면에서 스탠스를 너무 좁게 하면 뒤땅이 나올 확률이 높다. 볼 위치만큼 그립을 짧게 잡아야 하는데 그렇게 하지 않으면 손목을 사용하게 되어 샷이 흔들리는 원인이 된다. 볼의 위치를 경사면에 따라 오른쪽으로 보정하지 않으면 임팩트 순간 손목이 열려 톱 볼이 날 확률이 높다.

🌓 열림과 닫힘

● 세 가지 열림 : 어깨, 골반, 스탠스는 연다.

● 두 가지 닫힘 : 그립, 클럽 페이스는 닫아 준다.

※ 주의할 점 : 앞쪽 내리막 경사면에서 볼의 위치가 너무 왼쪽에 있어 악성 슬라이스 구질이 나올 우려가 있으므로 주의한다.

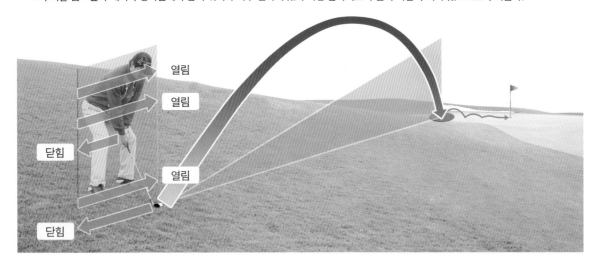

🌓 평지 내리막 오른쪽 홀 컵 2단 그린

평지에서 무리하게 볼을 띄우려 하는 것은 좋지 않다. 2단 그린이므로 이전한 가상 홀 컵까지 보낸다는 생각으로 공략한다. 나머지는 볼에 맡기고, 하이 피칭 샷을 구사하는 것이 좋다.

◗ 내리막 그린 경사

가상 삼각면을 반대로 만들어 본다. 체중은 오른쪽 발뒤꿈치에 많이 두고 클럽 아래쪽 바운스가 떨어져 클럽 페이스 각도가 최대가 되도록 한다. 이때 볼은 내리막 그린에서 많이 굴러가지 않는다.

낮다

높다

◗ 오르막 포대 그린 왼쪽 내리막 경사

최대한 하이볼 어프로치를 만들어야 한다. 골퍼가 생각하는 것보다 볼은 그린에서 더 많이 굴러간다. 이 경우 스윙 속도를 조절하여 볼의 속도를 떨어뜨리는 것이 중요하다. 모든 상황이 좋으면 로브 샷을 구사해 보는 것도 괜찮다.

🌓 내리막 그린

먼저 가상 홀 컵 이전법이 선택한 클럽에 맞도록 정확하여야 한다. 캐리(carry)가 짧고 런이 긴 경우 클럽 페이스 각도가 적은 피칭이나 9번 아이언을 사용하는 것이 좋다. 만약 페이스 각도가 큰 클럽을 선택하면 런의 방향을 맞추기가 어렵다.

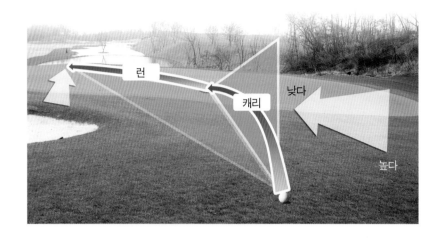

🌓 홀 컵 주변 경사

2단 그린 아래 오르막 경사에서는 그립을 롱 섬으로 잡고 퍼팅 어깨 스트로크로 다양한 치핑 샷을 구사해 본다. 30m 이상 떨어져 있고, 캐리로 2단 그린 위에 정지시킬 때 로브 샷을 해 본다. 2단 그린 위 평지 상태에서는 칩 샷을 구사해 보자.

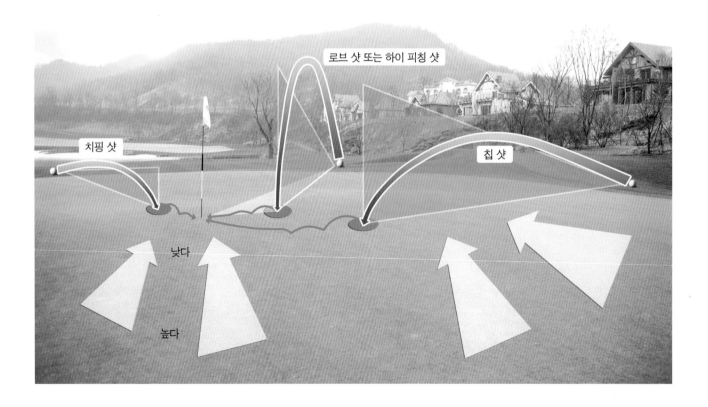

벙커 샷

삼각면 공략법을 알고 그린 주변 벙커에 들어가면 자신감이 생긴다. 벙커 샷에 관한 이론은 골프 도서마다 다양하다. 이 책에서는 만약을 대비하여 몇 가지만 기억하고 넘어가기로 하자.

🏌 벙커 샷의 셋업

실제 목표

가상 목표

목표보다 오른쪽을 겨냥하는 것이 좋다.

실제 목표

가상 목표

가상 목표와 실제 목표

10~30도로 열어 오픈 스탠스를 한다.

왼발체중

10~30도

그립을 내려 잡음

벙커 안에서 어드레스 방법 : 발을 비벼 발바닥을 볼 하단부까지 깊이 묻고 그립을 약간 내려잡는 것이 좋다.

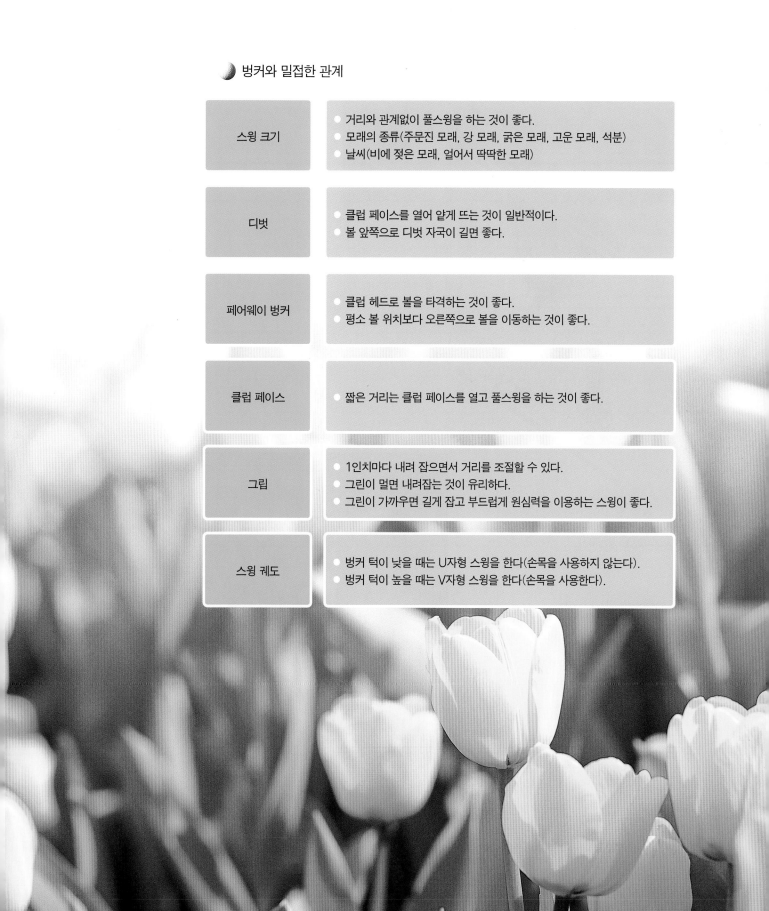

🌙 벙커와 밀접한 관계

스윙 크기	• 거리와 관계없이 풀스윙을 하는 것이 좋다. • 모래의 종류(주문진 모래, 강 모래, 굵은 모래, 고운 모래, 석분) • 날씨(비에 젖은 모래, 얼어서 딱딱한 모래)
디벗	• 클럽 페이스를 열어 얕게 뜨는 것이 일반적이다. • 볼 앞쪽으로 디벗 자국이 길면 좋다.
페어웨이 벙커	• 클럽 헤드로 볼을 타격하는 것이 좋다. • 평소 볼 위치보다 오른쪽으로 볼을 이동하는 것이 좋다.
클럽 페이스	• 짧은 거리는 클럽 페이스를 열고 풀스윙을 하는 것이 좋다.
그립	• 1인치마다 내려 잡으면서 거리를 조절할 수 있다. • 그린이 멀면 내려잡는 것이 유리하다. • 그린이 가까우면 길게 잡고 부드럽게 원심력을 이용하는 스윙이 좋다.
스윙 궤도	• 벙커 턱이 낮을 때는 U자형 스윙을 한다(손목을 사용하지 않는다). • 벙커 턱이 높을 때는 V자형 스윙을 한다(손목을 사용한다).

경사면에서의 벙커 샷

어깨선을 경사면에 맞춤

오른발 체중

오르막 경사 : 경사면에 어깨선을 맞춘다.
스탠스 폭을 조절한다.

왼발 체중

내리막 경사 : 페어웨이에서의 샷과 같이
볼 위치를 오른쪽으로 이동한다.

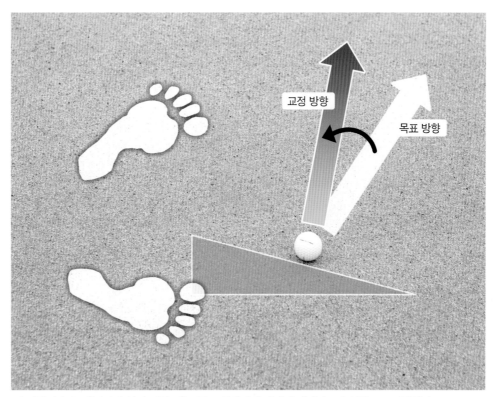

발 뒤쪽이 높은 경사면에 볼이 있을 때는 목표 삼각면이 거리에 비례하도록 왼쪽으로 이동한다.

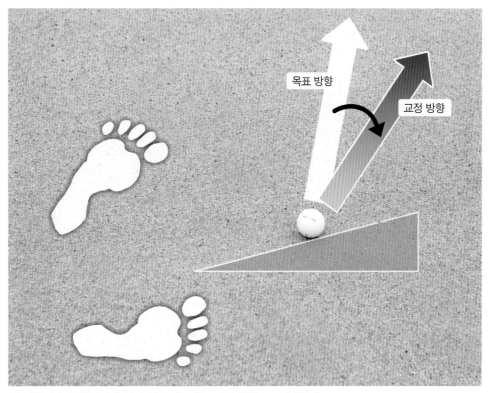

발 앞쪽이 높은 경사면에 볼이 있을 때는 목표면 오른쪽으로 이동한다.

다양한 벙커 샷

● 평지 포대 그린 : 모래의 종류, 포설 상태에 따라 다소 다르나 일반적으로 오픈 스탠스를 하고 클럽 헤드를 열어서 잡고 모래를 얇게 떠내는 방법이 가장 좋다.

실제 목표   가상 목표

스탠스 방향 잘못된 셋업

올바른 오른발 위치

● **오르막 경사** : 체중을 오른발에 두고 경사면과 어깨 경사면을 맞춘 다음 볼을 스탠스 중앙에 두고 클럽 페이스를 닫은 후 하프스윙을 하는 것이 좋다.

● 내리막 경사 : 볼이 내리막 경사면에 있으면 발바닥을 깊게 묻는 것보다 스탠스 폭을 넓게 하는 것이 더 중요하다. 체중을 왼발 축에 두고 볼은 오른쪽에 오도록 한다. 모래 하부가 딱딱한 경우를 제외하고 홀 컵 페이스를 열어서 샷을 하는 것은 매우 위험하다. 가슴스윙은 임팩트가 정확하다. 볼을 인위적으로 띄우려는 생각은 절대 하지 않도록 한다.

실제 목표

가상 목표

● 앞발가락 오르막 경사 : 내리막 경사에서와 마찬가지로 허리 골반스윙은 절대 금지한다. 경사도에 따라 클럽을 선택한 후 클럽을 짧게 잡고 가슴스윙 즉 구심력스윙을 한다. 오른손을 사용하는 것이 정확한 스윙에 도움을 준다.

● **30m 앞쪽 내리막 경사** : 거리가 30m 이상이면 볼을 타격하는 것이 좋다. 그러면 볼은 낮게 날아가다 급상승한다. 머리를 볼 앞쪽에 두고 눈은 볼 앞쪽을 보는 것이 좋다.

● **30m 오르막 경사** : 왼발 스탠스가 오른발보다 많이 높아 어드레스가 어려울 경우 사진과 같이 왼쪽 무릎을 굽히고 체중을 왼쪽에 셋업한 후 클럽을 짧게 잡고 커트 피칭 샷을 하면 놀랄 만한 구질이 만들어진다. 이때 클럽 페이스를 아웃에서 인으로 스윙하되, 손목 사용은 절대 금한다.

볼의 회전 방향

IN

OUT

● 페어웨이에서 스탠스를 하고 볼은 벙커에 있을 때 : 클럽 페이스 각도가 작은 긴 클럽을 짧게 잡고 스탠스를 넓게 한 후 허리를 굽혀 팔로만 샷을 한다. 이때 엄지손가락은 롱 섬을 하고 스퀘어 그립을 잡는다.

● 벙커 턱 아래에 위치한 볼 : 정말 어려운 기술이 필요한 볼이다. 앞쪽에 잔디 턱이 있고 볼이 오르막 경사 벙커 턱 아래에 있을 때 벙커를 탈출하기란 매우 어렵다. 중요한 시합이라면 뒤쪽으로 쳐서 돌아가야 하지만 꼭 홀 컵을 공략하여야 한다면 사진과 같이 클럽 페이스를 열고 클럽 바운스로 볼을 타격해야 한다. 이때 백스윙 중 손목을 사용해 클럽을 수직으로 볼에 떨어트리면 볼이 수직으로 올라온다.

● 잔디와 모래가 혼합된 러프 : 클럽을 샌드웨지는 배제하고 피칭 이상 선택하여 칩 샷을 하는 것이 중요하다. 눈은 볼 앞을 보고 경사면을 따라 클럽 페이스를 가져가야 한다. 샌드웨지나 클럽 페이스가 큰 클럽으로 스윙하면 일반적으로 실패한다.

● 페어웨이 벙커 샷 : 사진의 1과 같이 체중은 중간, 눈은 볼 뒤쪽, 볼은 왼쪽에 두고, 백스윙을 낮게 가져가면 볼이 짧게 높이 날아가고, 런이 많이 발생한다. 사진의 2와 같이 체중을 왼쪽에 두고 눈은 볼 앞쪽을 보고, 헤드 퍼스트로 백스윙을 높게 가져가 스윙하면 볼이 멀리 낮게 날아가며, 런이 발생하지 않고 정지한다.

● 우드 페어웨이 벙커 샷 : 벙커에서 우드를 사용할 경우 클럽을 1인치 짧게 잡고 스탠스를 넓게 하여 가슴스윙을 유도하는 것이 매우 중요하다. 특히 페어웨이보다 그립을 조금 강하게 잡는 것이 좋다.

● 볼 상태에 따른 벙커 탈출 : 삼각면에 맞추어 어드레스한다.

1 체중은 왼쪽 축에 70% 두고, 손목으로 백스윙을 높게 가져간다.
2 체중은 왼쪽 축에 60% 두고, 클럽 바운스로 볼을 타격한다.
3 체중은 왼쪽 축에 50% 두고, 클럽 페이스로 볼을 타격한다.

벙커 두려움 극복하기

휴일 가족과 함께 이 책을 들고 샌드웨지, 7번 아이언을 가지고 경치 좋은 바닷가나 강가 백사장으로 가 보자. 여유로운 마음으로 모래에 파묻힌 볼을 치다 보면 벙커 샷이 잘 해결될 것이다.

퍼팅

당신은 퍼팅이 신(神)의 뜻에 따라 홀 컵 속으로 빨려 들어간다고 믿는가, 아니면 운이 좋아서 들어간다고 믿는가. 그렇게 믿는 골퍼들도 있겠지만 노력의 결과라고 믿는 골퍼가 더 많을 것이다.

필자가 생각하는 퍼팅은 퇴근 후 집에 들어가듯이 볼도 그렇게 홀 컵에 들어가는 것이다. 오늘부터 그린 위에 있는 볼이 가야 할 집은 오직 홀 컵뿐이라고 생각해 보라. 그렇게 생각하면 홀 컵에 볼이 바로 들어가든(원 퍼터), 돌아서 들어가든(슬라이드, 훅 퍼딩) 언젠가는 들어가게 되어 있다.

사회 생활을 하는 한국 남자라면 술자리, 집들이, 돌잔치, 접대 등의 이유로 퇴근 후 곧바로 집으로 가는 것이 쉽지 않을 것이다. 골프도 마찬가지다. 퇴근 후 한 군데 정도 들르고 집에 일찍 들어가는 것이 큰 문제가 되는 것이 아니듯 골프에서도 2퍼팅은 그리 문제가 되지 않는다.

골프 볼은 의도적으로 홀 컵에 넣으려 하지 않는 한 다 들어간다. 가끔 볼이 홀 컵에 들어가지 말았으면 할 때도 들어간다(OK 받고 치는 골퍼).

굴러서 들어가든 날아서 들어가든 볼이 스스로 들어간다는 생각을 해야 한다. 볼이 들어 갈 곳은 홀 컵뿐이라고 되뇌이면 홀 컵이 점점 크게 보이고, 파란 잔디 그린 위로 길도 보일 것이다. 골퍼는 볼이 집을 잘 찾아 갈 수 있도록 길만 찾아 주면 된다. 골퍼가 많은 정보(거리, 방향, 잔딧결, 경사, 습도 등)를 숙지하면 처리하기 힘든 볼도 신기하게 홀 컵 속으로 들어 간다. 특히 내리막에서는 아주 조금만 신경을 써도 볼이 홀 컵으로 잘 들어간다.

감각은 가장 편한 자세에서 느낄 수 있다. 여기서 말하는 자세란 어드레스나 기술적인 요소도 말하지만 심리적인 면이 더 크다. 그러므로 평소에 충분히 연습하여 편한 자세를 익히고 편한 마음을 가지는 것이 퍼팅 확률을 높일 수 있는 방법이다.

퍼팅 전 정보 수집

그린 주변 산봉우리가 있는 방향 확인(제일 높은 봉우리 순서)

그린 주변 큰 나무로 그늘진 곳 또는 산봉우리로 햇빛이 잘 들어오지 않는 곳

그린 잔디의 종류(한국형 잔디, 한지형 잔디, 난지형 잔디)

그린 표면의 습윤 상태(비 온 후 또는 아침, 이슬이 많은 곳)

그린 관리로 공기 구멍을 낸 상태, 또는 모래 포설 상태

계절적인 변화(봄, 여름, 가을, 겨울)

잔디의 결은 잔딧잎이 자라는 방향에 따라 역모와 순모로 나눌 수 있는데, 잔디 색깔이 진하게 보이는 것은 볼쪽을 향한 역모이고, 빛이 잎에 반사해서 하얗게 보이는 것은 순모이다.

볼과 홀 컵 선상의 경사(퍼터를 이용한 경사 읽기 등)

거리 측정

홀 컵 주변 30cm 반경 내 변화

🌙 볼이 홀 컵을 30cm 지나가게 퍼팅해야 하는 이유

골퍼라면 모두 다 알고 있는 이론일 것이다. 인류 골프 역사에서 짧아서 들어간 볼은 없으니 말이다. 홀 컵을 지나 30cm 안쪽에 정지하는 볼은 10.8cm 홀 컵을 볼이 넘어서 지나가지 못하고 홀 컵 안으로 떨어진다. 가끔 그린 상태에 따라 35cm에 볼이 떨어지는 경우는 있지만, 통계학적으로 30cm가 넘어가면 볼이 홀 컵 뒤턱을 올라 탄다.

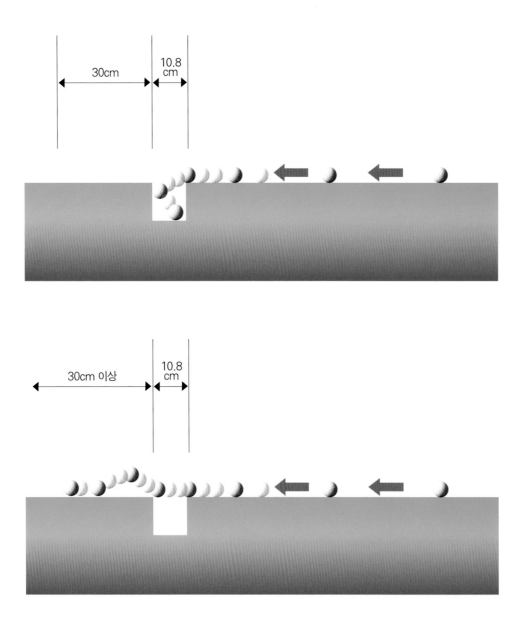

🌑 그린 스피드 상식

1936년 에드워드 스팀프슨(Stimpmeter, E. S.)이 그린 위에서 볼이 굴러가는 거리를 숫자로 나타내기 위해 '스팀프미터'라는 장비를 만들었다. 그 후 미국골프협회는 스팀프미터를 공식 장비로 인정하였다. 2002년에는 좀 더 정밀한 펠즈미터(pelzmeter)가 개발되어 현재까지 사용되고 있다. 중요한 것은 펠즈미터로 측정할 때 국제 선수권 대회의 그린 스피드는 3.2m 이상을 유지한다는 것이고, 일반 골퍼들이 사용하는 그린 스피드는 컨트리클럽마다 다르다는 것이다.

> 느낌의 용어 숙지(골퍼가 자주 가는 컨트리클럽 그린 상태를 기준으로 용어를 정리하여 숙지하는 것이 좋다.
>
> 빠르다 – 약간 빠르다 – 보통이다 – 약간 느리다 – 정말 느리다
>
> 빠른 그린에서는 볼의 브레이크(휘는 곡선) 현상이 크게 일어난다.

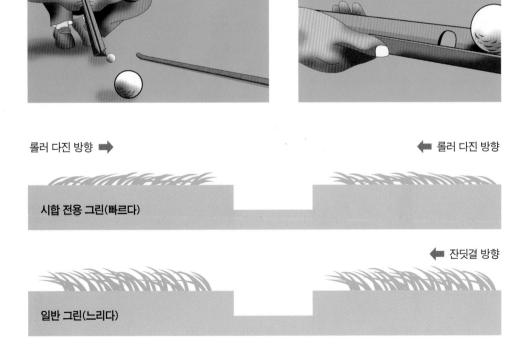

롤러 다진 방향 ➡   ⬅ 롤러 다진 방향

시합 전용 그린(빠르다)

⬅ 잔딧결 방향

일반 그린(느리다)

🌙 퍼팅 그립의 종류

퍼팅에서 그립은 정답이 없다. 중요한 것은 손목을 최대한 사용하지 않아야 한다는 것이다. 쇼트 섬, 미들 섬, 롱 섬 3가지 그립 중 퍼팅 그립은 엄지손가락을 최대한 길게 내밀어 잡는 롱 섬이 좋다. 엄지손가락을 길게 내밀면 손목 인대가 늘어나 자연스럽게 손목을 사용하지 않아도 되는 이점이 있다.

퍼팅 그립은 왼손과 오른손 위치에 따라 크게 2가지로 나누어 이해하는 것이 좋다.

리버스 오버랩 그립(reverse overlap grip)은 일반적으로 많이 사용하며, 대체로 부드럽고 오른손이 주도적으로 스트로크하는 그립이다.

크로스 핸드 그립(cross hand grip)은 왼손을 오른손 아래쪽으로 잡아 왼쪽 손목을 완전히 고정하는 그립으로 위에서 말한 쇼트 섬, 또는 미들 섬 형태로 잡을 때 사용하면 거리와 방향성에 좋다.

참고로 톰 왓슨은 두 엄지손가락을 그립 위쪽에 일렬로 놓고 두 손바닥이 마주 보게 잡는 팜 페이싱 그립(palms facing grip)을 잡는다.

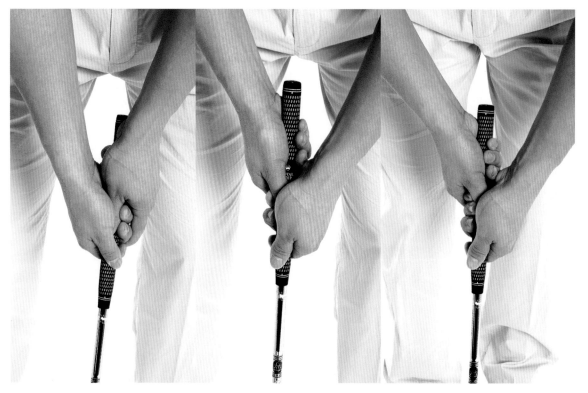

리버스 오버랩 그립   크로스 핸드 그립   팜 페이싱 그립

🌓 퍼팅 스탠스

사진과 같이 3가지 형태로 설명할 수 있으나, 골퍼의 신체 조건에 따라 정답은 없다. 바람이 많이 불면 스탠스를 넓게 잡아 자세를 낮추는 것이 좋다.

스퀘어 스탠스(square stance) : 일반적인 스탠스로 평지에서 좋다.

오픈 스탠스(open stance) : 오른쪽 눈이 주시이고, 스윙 형태가 스트로크 타입인 골퍼에게 유리한 스탠스로 팔로스루를 확실히 할 수 있는 장점이 있다. 왼발을 약 10도 정도 열면 내리막 라이 또는 슬라이스 라이에 인체가 잘 적응하는 스탠스이다.

크로스 스탠스(cross stance) : 왼쪽 눈이 주시인 골퍼가 탭형 스트로크 타입에 유리한 스탠스이다. 오르막 라이나 훅 라이인 경우 인체가 잘 적응하는 스탠스이다.

스퀘어 스탠스   오픈 스탠스   크로스 스탠스

◗ 볼의 위치

볼의 위치는 사진과 같이 앞쪽 수직 방향과 수평 방향 두 점의 위치가 하나로 만나는 곳으로 정한다.

수직 방향은 몸의 균형과 관계가 있다(귓속 세반고리관).
수평 방향은 골퍼의 눈 주시와 관계가 있다(유전적 요인 주시). 왼쪽 눈이 주시인 골퍼는 핸드 퍼스트를 하는 경향이 있으므로 로프트가 높은 퍼터나 페이스가 샤프트 뒤쪽에 있는 퍼터를 사용하는 것이 좋다.

🏌 퍼팅 스트로크 어깨 사용법

퍼팅에서도 일반적인 스윙에서 일어나는 것과 같은 현상이 일어난다. 오른쪽 어깨로 완전하게 스트로크하지 않으면 목 근육이 당겨져 머리를 빨리 들게 된다. 아마추어 골퍼가 실수를 하는 가장 큰 이유는 머리를 들고 시선을 따라 움직이기 때문이다. 사진과 같이 가상 삼각면 벽선을 따라 어깨 근육으로 시계추처럼 스트로크를 하여 코끝에서 아래로 만들어진 삼각면을 느끼면 몸에 균형이 잡히는 동시에 일정한 퍼팅 페이스를 만들 수 있다. 퍼팅 스트로크 템포는 사람마다 다양하다. 쇼트 게임처럼 '하나, 둘'로 하여도 되고, '천천히 가라' 등 골퍼가 편한 템포를 정하면 된다.

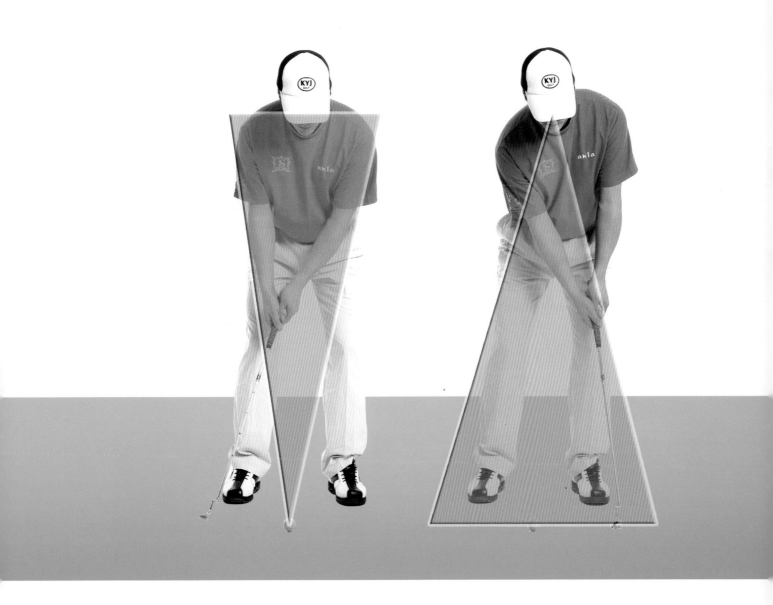

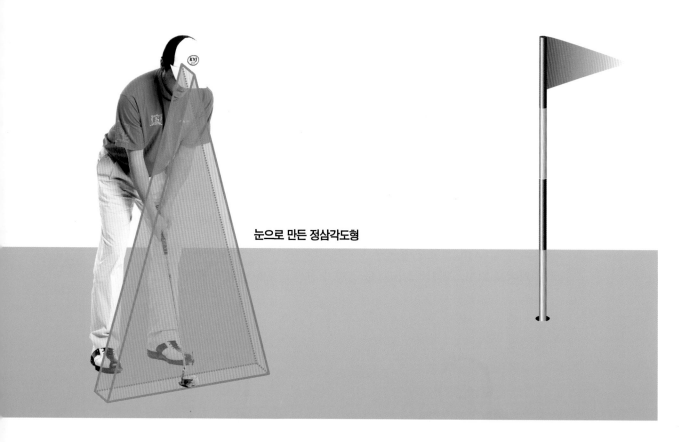

눈으로 만든 정삼각도형

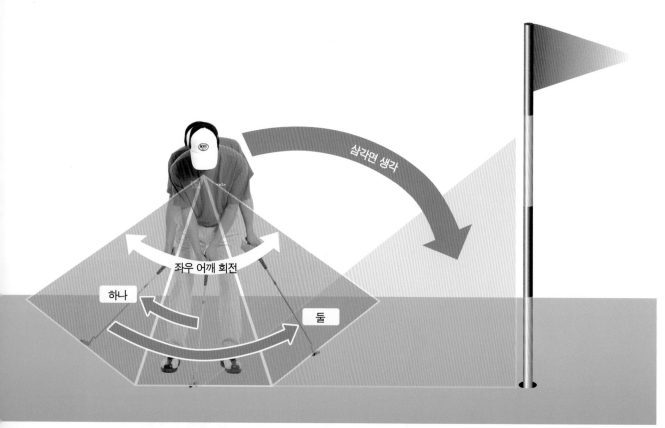

삼각면 생각

좌우 어깨 회전

하나

둘

퍼팅 스토로크 어깨 사용법

🏐 퍼팅 스트로크 종류

퍼팅 스트로크 연습을 하기 전 골퍼가 사용하는 퍼터의 중심점 스위트 스팟을 정확히 퍼터에 표시하여 그 점에 볼이 맞도록 한다. 회사마다, 종류마다 훅성 퍼터와 슬라이스성 퍼터 중심점이 다양하므로 퍼터의 성향을 알고 스트로크해야 한다.

● **스트로크형**(stroke type) : 밀어서 치는 방법으로 헤드를 낮게 하여 천천히 백스윙하며 거리는 백스윙의 크기로 조절한다. 가장 많이 선호하는 방법으로 방향성이 좋고 빠른 그린에서 거리 조절이 용이하다. 주의할 점은 두 팔꿈치 각도를 스트로크 중에도 유지하여야 하는 것이다.

퍼팅 거리가 2m 이상이면 삼각면 경사 각도가 작아지므로 퍼팅 스트로크를 낮고 길게 해야 한다.
이러한 방법으로 연습하면 골퍼의 자율신경이 볼을 밀어치게 된다.

● **탭형(tap type)** : 때려서 치는 방법으로 헤드를 조금 높게 백스윙한다. 때리는 힘의 크기로 거리를 조절하므로 내리막 그린 또는 빠른 그린에는 좋은 방법이 아니지만, 짧은 퍼팅에서는 상대적으로 유리하다.

퍼팅 거리가 2m 이하면 삼각면 경사 각도가 커지므로 퍼팅 백 스트로크는 조금 높게 하고 볼은 헤드 무게로 때려서 친다. 이러한 방법으로 연습하면 골퍼의 자율신경이 볼을 때리게 된다.

● 머리와 눈은 볼 뒤쪽에 두고 목표 홀 컵을 주시하며 탭형 스트로크를 한다.

탭형 스트로크로
볼을 때려친다.

● 거리는 생각하지 마라(자율신경).

탭형 스트로크로 볼을 때려 친다.

퍼팅 임팩트와 그립의 강도

퍼팅 시 천천히 백스윙해서 임팩트 순간에 헤드 스피드가 빨라지게 해야 한다. 주로 아마추어 골퍼는 그립을 약하게 잡고 부드럽게 스트로크한다. 이 경우 임팩트 점에서 헤드 스피드가 늦어져 볼이 굴러가는 거리가 홀 컵에서 짧아지기도 한다.

퍼터가 짧으면 그립의 강도는 강해야만 한다. '도레미파솔라시도'를 기억하고 낮은 도에서 높은 도까지 잡아 보자. 높은 도가 1m 거리라면 낮은 도는 8m 느낌으로 잡는 버릇을 길러야 한다.

🏌 평지와 오르막에서 수직 삼각면의 표적 핀 만들기

일반적인 퍼터 길이는 약 1.2m이다.

거리	표적의 높이	
	평지	오르막 잔디 역결 방향
1	정삼각형	1m
2	1	1.5m
3	1.5	2m
4	2	2.5m
5 이상	2.5	3m

* 주의 : 비오기 전, 비온 후 구름이 낮은 저기압인 날은 스트로크가 적어지는 경향이 있다.

🏌 수평 삼각면 만들기

퍼팅에서 수평 삼각면은 경사면에서만 적용된다. 이는 경사 각도에 따라 다음 사진과 같이 삼각면 꼭짓점을 이동하면서 홀 컵에 들어갈 확률이 가장 높은 프로 사이드(pro side) 꼭짓점을 찾아내어 평면 삼각형을 골퍼의 뇌에 저장시킴으로써 퍼팅 매니지먼트 과정에서 중요한 목표를 기억하게 하는 목적이 있다.

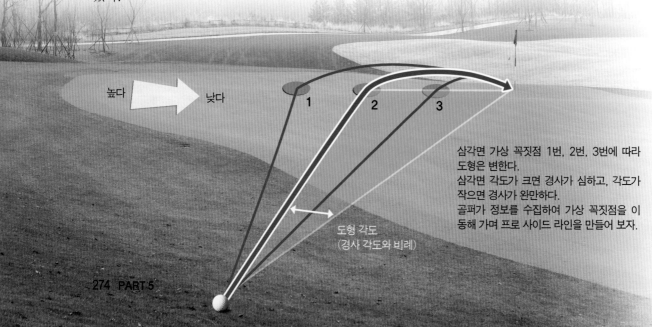

높다 → 낮다

1   2   3

도형 각도
(경사 각도와 비례)

삼각면 가상 꼭짓점 1번, 2번, 3번에 따라 도형은 변한다.
삼각면 각도가 크면 경사가 심하고, 각도가 작으면 경사가 완만하다.
골퍼가 정보를 수집하여 가상 꼭짓점을 이동해 가며 프로 사이드 라인을 만들어 보자.

🌙 수직 삼각면을 이용한 가상 타깃점 만들기

● **평지** : 그린 위에서 정보 수집이 끝나면 셋업에 들어간다. 이때 마지막 단계에서 가상 삼각면을 생각한다. 어깨선, 골반선, 스탠스선이 삼각면과 평행하도록 셋업하는 것이 중요하다.

● **오르막 스트레이트 라이** : 오르막 스트레이트 퍼팅은 왼쪽 축이 좋다. 계절과 온도에 따라 그린 속도는 크게 차이가 있다. 특히 동절기에 그린이 얼어 있거나 가을철 아침 그린에서 볼은 극도로 느려진다.

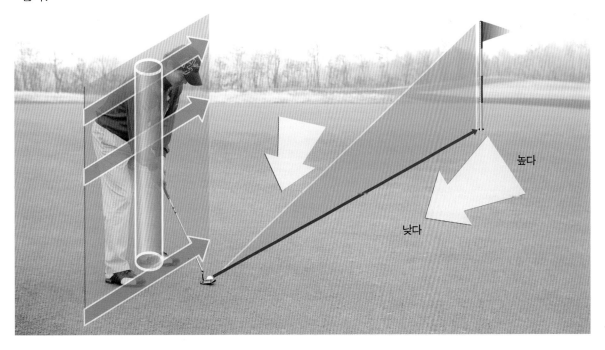

● 오르막 슬라이스 라이 : 몸의 중심은 왼발에, 체중은 발뒤 축에 두는 것이 좋다. 체중을 왼발 축에 두면 볼이 좀 더 빨라지고 전체적인 몸의 축을 발뒤에 두면 부드러운 슬라이스를 만들게 된다.

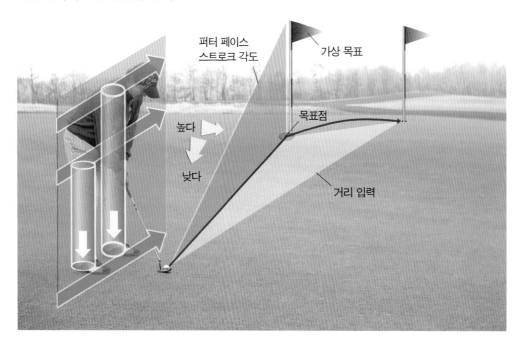

● 오르막 훅 라이 : 체중의 중심을 왼쪽 발 바깥에 둔다. 가상 삼각면에 맞추어 가상으로 이전한 홀 컵까지 스트레이트로 공략한다.

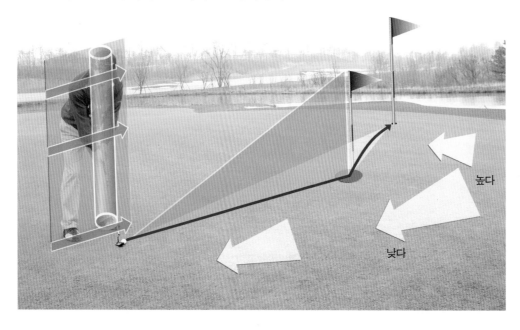

● 내리막 스트레이트 라이 : 내리막에서 에임은 '코끝 → 볼 → 홀 컵'으로 연결되는 역삼각면에 어드레스한다. 앞발을 살짝 들어 중심을 발바닥으로 내려 셋업하는 것이 중요하다. 바닥으로 체중이 전달되는 것을 느끼는 것이 좋다.

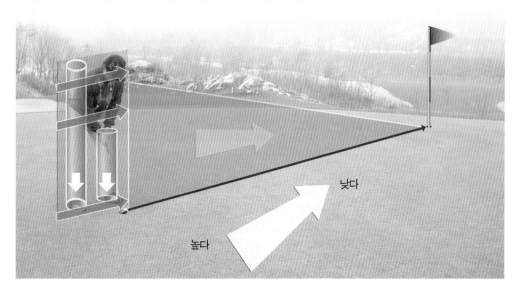

● 내리막 슬라이스 라이 : 잔디 방향에 따라 큰 변화가 일어난다. 잔디가 순모일 때는 경사를 좀 더 많이 보고 가상 홀 컵 이전을 좀 더 하는 것이 좋다. 체중은 발뒤에 두고 셋업한다. 가상 홀 컵까지 볼을 보낸다는 생각이 중요하므로 가상 홀 컵에서 홀 컵까지 볼이 굴러들어가는 상상을 해 본다.

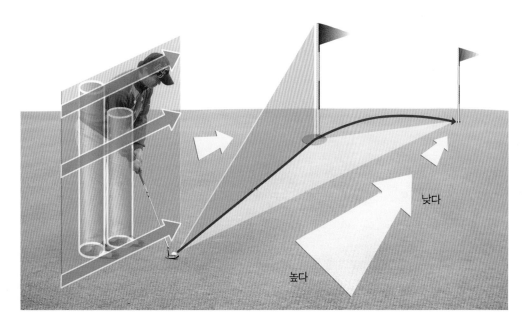

● 내리막 훅 라이 : 볼을 정지시키기가 매우 어렵기 때문에 그린 상태를 좀 더 세밀하게 파악해야 한다. 홀 컵을 잘 이전하더라도 가상 홀 컵에서 실제 홀 컵까지 경사를 읽어내는 것이 중요하다. 좀 더 오랫동안 그린을 눈으로 보는 것이 좋다.

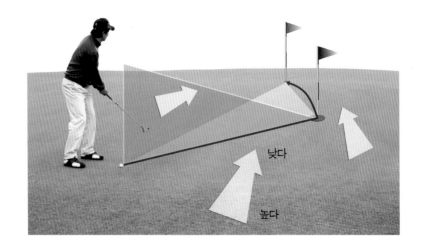

낮다

높다

● 더블 브레이크 라이 : 더블 브레이크 현상은 주로 퍼팅 거리가 멀 때 많이 일어나며 무엇보다 거리가 중요하다. 목표는 큰 브레이크에서 작은 브레이크를 뺀 지점으로 볼을 보내는 것이지만, 거리는 브레이크 경사도에 따라 달라진다.

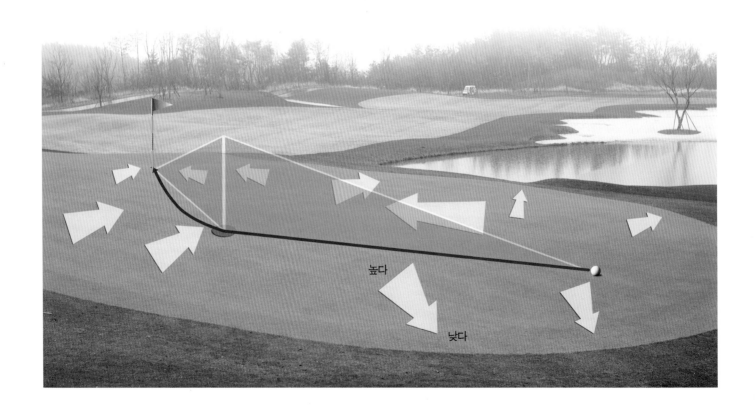

높다

낮다

● 홀 컵 이전법 : 오르막 훅과 슬라이스 라이 삼각면 공략법을 사용하여 볼을 손으로 던져 휘어지는 브레이크 곡선을 상상해 본다.

다음 표와 같이 경사도에 따라 홀 컵을 이전해 보자. 거리값과 경사도값에 비례하게 선을 그은 다음 교차점에 컵을 이전한 후 잔디의 방향이나 그린 상태에 따라 좀 더 섬세하게 보정하고 볼을 보내야 할 목표점에 가상 홀 컵을 만들자.

경사각에 따른 삼각면의 꼭짓점의 위치

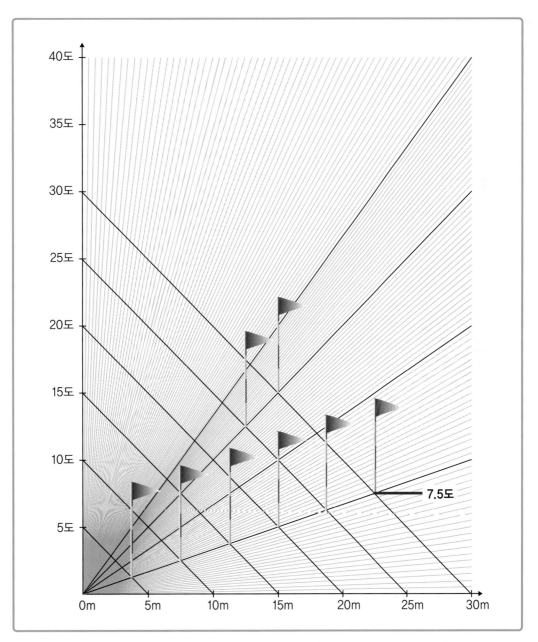

🌙 프런지나 에이프런(apron) 퍼팅 사용 시 주의 사항

○ 그린 에지에서 볼 위치가 짧을 때 사용한다.

○ 잔디가 길지 않고 짧을 때 사용한다.

○ 볼이 잔디 위에 놓여 있을 때 사용한다.

○ 오르막 라이에 위치한 볼을 띄워서 잔디를 통과할 때 사용한다.

● 비가 온 이후, 잔디에 습기가 있는 아침에는 사용하지 않는 것이 좋다.

● 잔디 속에 볼이 들어가 있으면 사용하지 않는 것이 좋다.

● 그린 에지에서 볼 위치가 멀거나 내리막일 때는 사용하지 않는 것이 좋다.

🌙 쇼트 퍼팅 성공 확률 높이기

인체 공학적으로 왼쪽 눈이 주시인 골퍼는 체중을 몸의 왼쪽에 두면서 몸 전체 축을 하나로 모아야만 구심점의 변화를 줄일 수 있다.

반대로 오른쪽 눈이 주시인 골퍼는 오른발에 축이 있을 때 정확성이 높아진다.

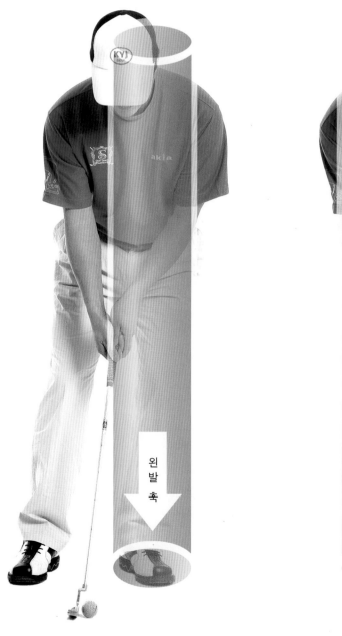
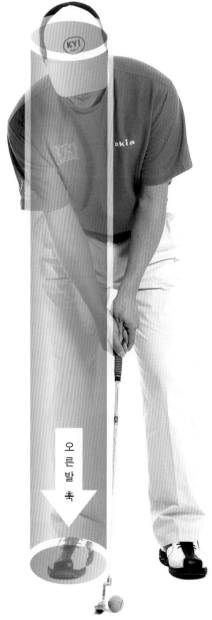

🌙 홀 컵 주변 30cm에 변화와 시차가 생길 때 볼의 방향을 바꾸기

　사진과 같이 경사면 퍼팅에서 볼이 홀 컵을 중심으로 낮은 쪽으로 굴러가면 아마추어, 높은 쪽으로 지나가면 프로 사이드라고 한다. 하지만 모두 다 그렇게 쳐서는 안 된다. 앞에서도 말했듯이 홀 컵 30cm 주변에 변화와 시차가 일어날 때는 볼 방향이 달라지기 때문이다.

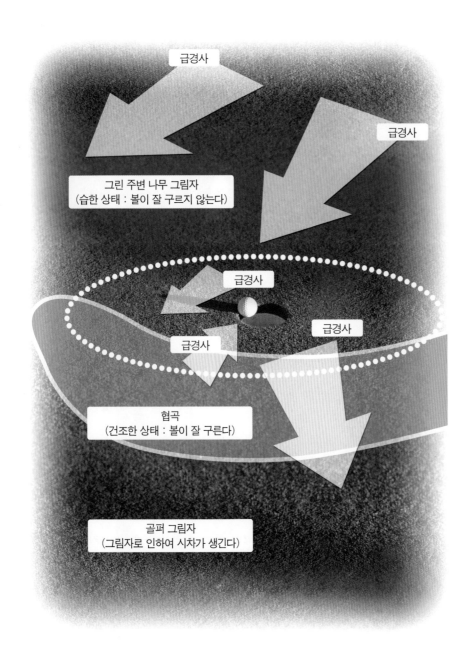

장애물과 기상

장애물

골프에서 장애물은 크게 두 가지로 나눌 수 있다.

고정 장애물

- 해저드(바다, 강, 호수, 개울, 연못, 배수구 표면, 도랑, 수로 등)
- 카트 도로 및 포장된 도로
- 나무 버팀목
- 배수구 뚜껑

자연 장애물, 짐승으로 인한 장애물(두더지 굴, 흙더미 등)

- 깡통, 나뭇가지, 나뭇잎, 열매 등
- 비로 인한 캐주얼 워터
- 수리지

위와 같은 장애물 중 워터 해저드를 제외한 것들은 골프 룰과 관계가 있다. 시간이 나면 골프 룰과 골프 에티켓에 대하여 읽어두는 것이 좋다.

일반적으로 산악 지역에서는 인공 연못을 만들어 코스의 아름다움과 난이도를 조절 하는 경우가 많다. 평지는 주로 호수 주변 또는 개울이 많아 코스를 공략하기가 매우 까다롭게 설계되어 있다. 티잉 그라운드에서 드라이버 샷을 할 때는 골퍼의 평균 거리를 감안하여 워터 해저드, 벙커 등 장애물이 있는지 확인하여야 한다. 퍼팅 그린을 공략할 때도 역시 그린 주변의 장애물을 정확히 파악한 다음 안전한 곳을 공략해야만 한다. 볼이 해저드 상공을 지나갈 때는 공기 중 습도가 높아 무거운 공기 저항이 일어나서 비행거리의 10%가 줄어든다. 특히 호수, 강, 연못 주변 홀에서도 각각 차이는 있으나, 같은 현상이 일어난다.

이러한 점을 반영하여 한 클럽 또는 두 클럽 더 긴 클럽을 선택하는 것이 좋다.

장애물

기상(바람, 비, 눈, 안개)

골퍼에게 장애물보다 더 무서운 적은 다음과 같다.

첫째는 바람이다. 특히 바람에 노출된 바다, 강, 평야, 사막 등 주변이 열려 있는 컨트리클럽은 기상 조건에 따라 난이도가 결정된다. 하지만 그리 걱정할 일은 아니다. 동일한 조건에서 시합을 하기 때문이다. 이 경우 프로선수들 간에 코스 레코드 격차가 심해진다. 이러한 현상을 인체공학적으로 본다면 바람이 불면 체온이 떨어지고 자율신경이 빨라져 일정한 템포가 깨지기 때문이다.

둘째는 골퍼가 평소 연습하고 라운딩하는 지역 기후이다. 바람이 많이 부는 곳에 살고 그곳에서 골프를 하는 선수는 그러한 환경에 잘 적응한다.

셋째는 다양한 골프스윙 연습이다. 결국 올바른 방법으로 연습을 많이 한 골퍼가 악천우 속에서도 좋은 성적을 낼 수 있는 것은 사실이나, 일반 아마추어 골퍼들에게는 어렵게만 느껴진다.

'PART 4 레인보우 골프'에 나오는 스윙을 완전히 습득하면 기상에 따라 클럽을 선택하는 것만으로도 악조건을 극복할 수 있다.

바람

티잉 그라운드에서 드라이버 샷을 할 때 티를 평소보다 볼 반만큼 내려 꽂아 자율신경을 유도함으로써 클럽 헤드가 다운스윙 때 임팩트 되도록 만들어 볼의 탄도를 낮게 가져간다. 이때 임팩트 순간 드라이버 클럽 페이스 접근 각도가 약 2, 3도 정도 줄어든다. 주의할 점은 그립을 평소보다 1인치 더 내려 잡아 거리보다 방향성을 높이는 것이다.

미들 아이언으로 코스 또는 퍼팅 그린을 공략할 경우 그립을 1인치 내려 잡음으로써 클럽을 하나 정도 더 크게 잡고 바람에 따라 클럽 보정을 한 번 더 해 주어야 한다. 이때 원심력스윙보다 구심력스윙을 하는 것이 바람의 영향을 적게 받는다.

쇼트 아이언 공략은 매우 어렵다. 근본적으로 쇼트 아이언은 탄도가 높아 바람의 영향을 가장 많이 받기 때문이다. 가능하다면 미들 아이언을 짧게 잡고 스윙 크기 조절로 접근하는 것이 유리하다. 그러나 뒷바람이나 작은 맞바람에는 쇼트 아이언을 사용해도 좋다. 이때 주의할 점은 V자스윙을 피하고 U자스윙으로 바람을 이용하여야 하는 것이다.

비

정규 시합에서는 비가 규정보다 많이 오면 경기를 중단한다. 비는 바람보다 경기 난이도를 높이는 편은 아니지만 시합 중에 비가 내릴 때는 역시 자율신경이 오동작을 많이 하고, 특히 거리를 맞추기가 매우 어려워지기 때문이다.

원심력스윙으로 잔디를 쓸어 치는 경우 물에 젖은 잔디의 저항으로 클럽 헤드가 잘 빠져 나가지 않아 경기가 어려워진다. 이럴 경우 클럽 샤프트 탄성을 최대한 이용하여 임팩트점에서 각속도를 빠르게 가져 가야 한다.

스윙 중 그립을 잡는 강약이 중요하다. PART 4의 그립에서 말한 '도레미파솔라시도'를 평소에 느끼면서 연습하면 비가 올 때도 스윙 템포를 조절할 수 있다. 이때 주의할 점은 항상 그립과 장갑이 비에 젖지 않도록 잘 관리해야 한다는 것이다.

안개 낀 필드

● 티잉 그라운드에서 드라이버 샷

어드레스를 할 때 볼을 놓은 위치를 평소보다 몸에서 볼 반만큼 멀리 셋업하는 것이 좋다. 볼이 약간 클럽 페이스 토쪽에 맞아 푸시 – 훅성 구질이 만들어지므로 비의 영향을 최소화할 수 있다.

● 미들 아이언 공략법을 쓸 때는 평소보다 두 클럽 정도 긴 것을 선택하여 그립을 1인치 내려 잡고 구심력스윙으로 좀 더 깊은 임팩트를 만들어내는 것이 중요하다. 대근육 가슴스윙이 가장 유리한 스윙 방법이다.

● 쇼트 아이언 퍼팅 그린 공략법은 평소보다 그린에서 볼이 굴러가지 않는 것을 감안하여 충분한 거리를 적용해야 한다. 보통 쇼트 아이언으로 공략하면 볼이 떨어진 자리에 서게 된다. 특히 주의할 점은 앞에서 말한 삼각면 공략법 중 퍼팅 그린 목표 설정을 홀컵 쪽으로 가까이 잡는 것이 좋다.

눈과 안개

초보 골퍼나 아마추어 골퍼에게 눈과 안개로 전방 스루 더 그린(through the green)이 잘 보이지 않을 경우 샷이 좋아지는 경향이 있다. 그것은 첫째는 마음가짐, 둘째는 눈앞에 목표가 보이질 않기 때문이며, 셋째는 평소 연습장에서 하던 스윙이 만들어지기 때문이다(한 점에서만 스윙하기 때문에 좀 더 단순해졌기에 볼이 올바로 잘 날아간다).

공기 중에 습기가 많으면 평균 비거리가 짧아진다. 주로 안개는 아침에 많이 발생하기 때문이다. 일반 아마추어 골퍼가 안개 속에서 라운딩할 때는 특히 캐디의 조언을 많이 받아야 좋은 결과를 얻을 수 있다. 지형이나 모든 주변 정보는 매일 홀과 함께하는 캐디가 제일 많이 알고 있음을 기억하기 바란다. 캐디에게 정보를 얻는 것은 골프 룰에 벌타가 없지만, 동반자에게 도움을 주고받거나 하여 클럽을 선택한다면 벌타를 받는다. 단, 거리 표시 말뚝에 관하여 물어 보는 것은 괜찮다.

눈 내린 필드

72~81타 프로 · 클럽 챔피언에게

이분들에게는 먼저 존경을 표하는 인사부터 드리고 싶다. 이 책을 집필하면서 한 번쯤 이분들에게 조언을 받아보고 싶었다. 주변에 있는 가까운 프로 선수, 컨트리클럽 챔피언 선배, 친구 몇 명에게 손과 팔로 골프를 치던 나는 한 때 기술을 배우려고 제법 많은 것을 갖다 바치기도 했다. 처음에는 한 번쯤 이겨 볼려고 용도 써 보았지만 역부족이었다. 그러나 그 시절 그러한 투자를 했기에 오늘 이렇게 골프 책을 쓸 용기가 생겼는지도 모르겠다.

필자가 프로나 클럽 챔피언 골퍼들에게 질 수밖에 없다는 사실을 깨닫는데는 그리 많은 시간이 걸리지 않았다. 짧은 시간 많은 라운드를 하면서 한 사람 한 사람이 부모님이 물려준 신체를 잘 사용하는 것을 보았기 때문이다. 즉 자기 신체 조건에 맞는 스윙을 찾아 몸에 익혔음을 알게 되었다. 어떤 연습 방법과 비법으로 몸에 익혔는지는 모르지만, 분명 각자가 다른 방법과 다른 길을 선택하여 싱글이란 동일한 위치(실력)에 도달했다. 하지만 분명한 사실은 동일한 시간(연습량)과 노력(투자)으로 도달하지는 않았다는 것이다.

우리가 살고 있는 지금은 21세기 정보화 시대다. 정보화에서 가장 중요한 것이 '시간'이기에 'PART 4 레인보우 골프'에서 중요시한 것 또한 시간이다. 필자는 어떻게 하면 처음 시작하는 초보 골퍼나 중급 골퍼들이 가장 짧은 시간에 싱글이란 찬란한 호칭을 받을 수 있을지 그 방법을 제시하려는 생각뿐이다.

하지만 싱글 골퍼들도 이 책을 통하여 현재보다 기량이 더욱 향상되기를 바란다.

PART **6**

골프에 좋은 운동법

단전 호흡법과 다리 대근육 운동법

 다리 근육의 근력를 향상시켜 주고 복부 비만를 막아 주는 동시에 손목 관절 운동 및 단전 호흡으로 신진대사를 좋게 한다(다리 근력이 떨어지면 비거리가 줄어드는 가장 중요한 원인이 된다).

- 매일 1.~3분 시간이 날 때마다 한다.
- 숨을 내쉬며 배꼽 아래 단전에 힘을 주면서 배를 당겨 넣는다.
- 양팔을 앞으로 쭉 펴고 손목 관절을 90도로 꺾어 손바닥을 바로 세운다.
- 엉덩이를 천천히 내려 의자에 앉듯이 다리를 90도로 만든다.
- 항문 괄약근을 쪼여 당긴다.
- 자세가 나오면 손바닥을 좌 · 우로 돌린다.

팔 근육 운동과 스윙 템포 만들기

아파트 베란다에서 간단하게 할 수 있으며, 팔의 근력과 임팩트 순간 클럽 헤드 스피드 및 스윙 템포에 좋은 운동이다. 구심력을 이용한 스윙도 느낄 수 있다.

● 아침, 저녁으로 식사 후 10분 정도 한다.

● 어드레스 자세를 하고 처음 5분은 왼손으로만 클럽을 당긴다. 남은 5분은 두 손으로 클럽을 당긴다.

● 어드레스 자세에서 배꼽 아래 단전을 이용하여 호흡하며 클럽을 당기면 더 효과가 크다.

● 처음 가볍게 잡은 손의 힘과 고무 튜브의 장력으로 팔의 힘이 증가하는 것을 느끼는 것이 중요하다.

● 왼쪽 허벅지쪽으로 손을 가까이 붙여 당겨야 한다.

임팩트 운동법

골퍼의 인체에 맞는 백스윙과 다운스윙 궤도를 만들어 주는 운동법으로 볼을 칠 때 강력한 임팩트와 스위트 스팟이 만들어진다.

클럽 헤드의 바운스를 분필이나 매직으로 칠해놓은 부분에 정확히 떨어트려 자국을 지우도록 한다.

7번 아이언

고무판

분필 또는 매직으로 표시

● 연습용 고무판의 볼 위치에 임팩트존 앞으로 3cm 정도 분필이나 매직으로 칠한다.

● 7번 아이언을 잡고 셋업한다.

● 부드럽고 가벼운 스윙을 하며 고무판 위에 칠한 자국을 클럽 바운스로 지운다.

● 자국이 잘 지워지지 않으면 백스윙 궤도와 다운스윙 궤도를 점검한다.

● 클럽 헤드가 고무판에 떨어지면 고무판의 탄성으로 클럽 헤드가 튀는 것을 느낄 수 있다.

● 팔에 힘을 주고 스윙하면 팔목과 팔 관절에 무리가 오는 운동이므로 부드럽게 클럽 헤드를 떨어트려야 한다.

임팩트 순간 헤드 스피드(비거리)를 빠르게 하는 운동법

　PART 6에 소개하는 좋은 운동법 중 가장 효과가 큰 것으로 누구나 연습 중 볼이 잘 맞지 않을 때 몇 개의 볼만 연습한 후 스윙하면 클럽 헤드가 잘 빠져 나간다.

　본 운동법은 팔로스루 아크를 크게 만들어 주고, 스윙 중 3단 에너지를 만들어 근육의 회전 운동과 클럽 헤드의 회전 운동 중 임팩트 순간를 보다 정확하게 하는 운동이다(이 운동을 무리하게 많이 하면 몸살이 나거나 코피를 흘릴 수 있으므로 조절해서 하도록 한다).

● 쇼트 아이언으로 어드레스와 셋업을 한다.

● 그립을 잡는 힘은 높은 도나 레 정도로 하고(PART 4의 '그립' 참고) 클럽 헤드를 볼 뒤쪽 바닥에 놓는다.

● 팔과 허리(골반)를 돌려 팔로스루를 한다.

● 백스윙은 절대 해서는 안 된다. 처음에는 볼이 1m도 날아가지 않지만 몇 번 하면 더 멀리 날아가기 시작한다.

● 미들 아이언으로 앞 과정을 반복한다. 미들 아이언의 그립 잡는 힘의 강도는 미, 파, 솔에 해당한다.

● 왼쪽 귀에 클럽이 지나가는 소리가 들려야 한다.

● 롱 아이언은 허리(골반)와 가슴 근육을 많이 사용해야 하며, 먼저 허벅지를 돌려 완전한 팔로스루와 피니시를 만들어야 볼이 날아간다.

백스윙은 하지 않는다.

오른팔 회전 운동법

 일상생활 중에 자주 할 수 있는 백스윙과 다운스윙의 이미지 운동법이다.

 본 운동은 오른쪽 어깨로 완벽하게 다운스윙을 할 수 있고, 클럽이 몸에서 멀어지지 않도록 해 준다.

- 평소 오른팔을 들어 오른쪽 가슴 아래로 던지는 스트레칭을 한다.
- 야구 투수가 볼을 던지는 이미지를 상상하면서 백스윙과 다운스윙의 원을 그린다.
- 호수나 강가, 물가에 갈 일이 있으면 돌을 들어서 같은 방법으로 던져 본다.
- 팔에 힘을 빼고 휘두르듯이 스트레칭을 한다.
- 팔에 힘을 빼면 손에서 원심력을 느낄 수 있다.

골반과 다리 관절 벌리기 운동법

하반신 체력 단련 운동법으로 다리 근력을 오래 유지할 수 있고, 경사면에서 골프스윙 중 구심점을 유지하며 순발력을 발휘하게 해 준다.

● 목욕탕 온탕에 들어가 오른쪽 팔꿈치를 욕조 테두리 위에 돌려 놓고 팔에 체중을 실어 다리를 조금씩 벌려 나간다.
● 발을 바꿔가면서 조금씩 체중을 다리 근육에 전달하면 다리 인대가 긴장되는 것을 느낄 수 있을 것이다.
● 위 동작을 5분 정도 한 다음 반대 방향으로도 몸을 돌려 한다.
● 조금씩 두 다리를 벌려가면서 체중을 다리에 실으면 허벅지 안쪽 근육이 긴장되는 것을 느낄 수 있을 것이다.
● 항상 척추를 바로 세운 상태에서 체중을 올려야 효과가 크다.

폐활량 운동법

　폐활량은 골프스윙에서 대근육 가슴을 이용한 파워스윙을 만들어 주는 가장 큰 요소로 지구력 향상에도 도움을 준다.

- 목욕탕 욕조 안에서 간단하게 하는 운동법이다.
- 양쪽 무릎을 욕조 바닥에 대고 앉아 숨을 내쉬면서 머리를 숙이고 물속으로 들어간다.
- 몸속에 있는 공기를 완전히 내뱉어야만 욕조 바닥에 코, 배, 무릎이 닿는다.
- 코와 배를 욕조 바닥에 대고 숨이 찰 때까지 있다가 일어난다.
- 3번 정도 하면 몸이 가벼워지는 것을 느낄 수 있다.
- 나이가 많거나 폐 질환이 있으면 피하는 것이 좋다.
- 이 운동을 하는 도중 현기증이 나면 중지하고 가만히 앉아 있어야 한다.
- 냉탕에서 하다 보면 심장마비가 올 수 있으므로 온탕에서만 한다.

손목 운동법

왼팔과 오른팔을 사진처럼 아래로 늘여트리고 힘을 뺀 상태에서 안쪽으로 돌려 모은다. 손목을 좌우로 돌려 팔 근육의 긴장을 풀고, 손목을 부드럽게 한다.

팔 운동법

　왼팔과 오른팔의 힘을 빼고 어드레스 상태에서 왼팔은 셋업 상태를 유지하고, 오른팔은 굽혀 백 톱으로 올린다. 이 운동은 스윙을 할 때 왼팔과 오른팔의 올바른 모양을 만들어 주고 손목과 팔 근육을 부드럽게 연결해 준다.

1 2
3 4

그립 압력으로 리듬 만들기 운동법

PART 4의 '그립'에서 말했듯이 클럽을 '도레미파솔라시도' 음계에 맞추어 가볍게 잡고 셋업한다. 클럽을 수직으로 들어올려 바닥에 내려친다. 이때 팔과 샤프트의 탄성을 느끼며 클럽의 바운스가 바닥에 닿는 순간 높은 '도'에 해당하는 힘으로 그립을 꽉 잡는 연습을 반복해서 한다.

1 2

3 4

5가지 열고 닫고 운동법

5가지 열고 닫고 운동법으로 고난도 구질에 도전해 보자.

어깨선 (열림)

허리선 (열림)

왼손목 (열림)

스탠스 (열림)

클럽 헤드 (열림)

어깨 – 5개 열림

어깨선 (열림)

허리선 (열림)

왼손목 (닫힘)

스탠스 (열림)

클럽 헤드 (닫힘)

골반 - 3개 열림, 2개 닫힘

어깨선 (열림)

허리선 (열림)

왼손목 (열림)

스탠스 (열림)

클럽 헤드 (열림)

스탠스(왼발) - 5개 열림

어깨선 (닫힘)

허리선 (닫힘)

왼손목 (닫힘)

스탠스 (닫힘)

클럽 헤드 (열림)

그립(왼손과 오른손) - 1개 열림, 4개 닫힘

어깨선 (열림)

허리선 (열림)

왼손목 (닫힘)

스탠스 (열림)

클럽 헤드 (열림)

클럽 헤드 페이스 - 4개 열림, 1개 닫힘

기타 운동법

빠른 걸음으로 걷기 운동을 하면 지구력이 향상된다.

클럽 헤드 페이스로 볼 튀기기 운동
(타이거 우즈가 하는 운동) : 퍼팅 감각과 순발력 향상

티잉 그라운드에 올라가기 전에는 미들 아이언을 들고 굳어 있는 몸을 최대한 풀어 주는 것이 좋다. 특히 겨울이나 이른 아침에는 몸이 굳어 있어서 자율신경이 오동작을 많이 한다. 근육은 스트레칭으로 풀고 날씨로 체온을 빼앗기지 않도록 하는 것이 중요하다.

골프 클럽으로 몸을 좌·우로 돌리는 운동 : 좋은 운동법은 아니지만 스트레칭 효과는 있다.

||||||||||||||| 가림출판사 · 가림M&B · 가림Let's에서 나온 책들 |||||||||||||||

역 학

역리종합 만세력
정도명 편저 / 신국판 / 532쪽 / 10,500원

작명대전
정보국 지음 / 신국판 / 460쪽 / 12,000원

하락이수 해설
이천교 편저 / 신국판 / 620쪽 / 27,000원

현대인의 창조적 관상과 수상
백운산 지음 / 신국판 / 344쪽 / 9,000원

대운용신영부적
정재원 지음 / 신국판 양장본 / 750쪽 / 39,000원

사주비결활용법
이세진 지음 / 신국판 / 392쪽 / 12,000원

컴퓨터세대를 위한 新 성명학대전
박용찬 지음 / 신국판 / 388쪽 / 11,000원

길흉화복 꿈풀이 비법
백운산 지음 / 신국판 / 410쪽 / 12,000원

새천년 작명컨설팅
정재원 지음 / 신국판 / 492쪽 / 13,900원

백운산의 신세대 궁합
백운산 지음 / 신국판 / 304쪽 / 9,500원

동자삼 작명학
남시모 지음 / 신국판 / 496쪽 / 15,000원

구성학의 기초
문길여 지음 / 신국판 / 412쪽 / 12,000원

소울음소리
이건우 지음 / 신국판 / 314쪽 / 10,000원

법률일반

여성을 위한 성범죄 법률상식
조명원(변호사) 지음 / 신국판 / 248쪽 / 8,000원

아파트 난방비 75% 절감방법
고영근 지음 / 신국판 / 238쪽 / 8,000원

일반인이 꼭 알아야 할 절세전략 173선
최성호(공인회계사) 지음 / 신국판 / 392쪽 / 12,000원

변호사와 함께하는 부동산 경매
최환주(변호사) 지음 / 신국판 / 404쪽 / 13,000원

혼자서 쉽고 빠르게 할 수 있는 소액재판
김재용 · 김종철 공저 / 신국판 / 312쪽 / 9,500원

"술 한 잔 사겠다"는 말에서 찾아보는 채권 · 채무
변환철(변호사) 지음 / 신국판 / 408쪽 / 13,000원

알기쉬운 부동산 세무 길라잡이
이건우(세무서 재산계장) 지음 / 신국판 / 400쪽 / 13,000원

알기쉬운 어음, 수표 길라잡이
변환철(변호사) 지음 / 신국판 / 328쪽 / 11,000원

제조물책임법
강동근(변호사) · 윤종성(검사) 공저 / 신국판 / 368쪽 / 13,000원

알기 쉬운 주5일근무에 따른 임금 · 연봉제 실무
문강분(공인노무사) 지음 / 4 × 6배판 변형 / 544쪽 / 35,000원

변호사 없이 담당이 이길 수 있는 형사소송
김대환 지음 / 신국판 / 304쪽 / 13,000원

변호사 없이 담당이 이길 수 있는 민사소송
김대환 지음 / 신국판 / 412쪽 / 14,500원

혼자서 해결할 수 있는 교통사고 Q&A
조명원(변호사) 지음 / 신국판 / 336쪽 / 12,000원

알기 쉬운 개인회생 · 파산 신청법
최재구(법무사) 지음 / 신국판 / 352쪽 / 13,000원

생활법률

부동산 생활법률의 기본지식
대한법률연구회 지음 / 김원중(변호사) 감수 / 신국판 / 472쪽 / 13,000원

고소장 · 내용증명 생활법률의 기본지식
하태웅(변호사) 지음 / 신국판 / 440쪽 / 12,000원

노동 관련 생활법률의 기본지식
남동희(공인노무사) 지음 / 신국판 / 528쪽 / 14,000원

외국인 근로자 생활법률의 기본지식
남동희(공인노무사) 지음 / 신국판 / 400쪽 / 12,000원

계약작성 생활법률의 기본지식
이상도(변호사) 지음 / 신국판 / 560쪽 / 14,500원

지적재산 생활법률의 기본지식
이상도(변호사) · 조의제(변리사) 공저 / 신국판 / 496쪽 / 14,000원

부당노동행위와 부당해고 생활법률의 기본지식
박영수(공인노무사) 지음 / 신국판 / 432쪽 / 14,000원

주택 · 상가임대차 생활법률의 기본지식
김운용(변호사) 지음 / 신국판 / 480쪽 / 14,000원

하도급거래 생활법률의 기본지식
김진흥(변호사) 지음 / 신국판 / 440쪽 / 14,000원

이혼소송과 재산분할 생활법률의 기본지식
박동섭(변호사) 지음 / 신국판 / 460쪽 / 14,000원

부동산등기 생활법률의 기본지식
정상태(변호사) 지음 / 신국판 / 456쪽 / 14,000원

기업경영 생활법률의 기본지식
안동섭(단국대 교수) 지음 / 신국판 / 466쪽 / 14,000원

교통사고 생활법률의 기본지식
박정무(변호사) · 전병찬 공저 / 신국판 / 480쪽 / 14,000원

소송서식 생활법률의 기본지식
김대환 지음 / 신국판 / 480쪽 / 14,000원

호적 · 가사소송 생활법률의 기본지식
정주수(법무사) 지음 / 신국판 / 516쪽 / 14,000원

상속과 세금 생활법률의 기본지식
박동섭(변호사) 지음 / 신국판 / 480쪽 / 14,000원

담보 · 보증 생활법률의 기본지식
류창호(법학박사) 지음 / 신국판 / 436쪽 / 14,000원

소비자보호 생활법률의 기본지식
김성천(법학박사) 지음 / 신국판 / 504쪽 / 15,000원

판결 · 공정증서 생활법률의 기본지식
정상태(법무사) 지음 / 신국판 / 312쪽 / 13,000원

산업재해보상보험 생활법률의 기본지식
정유석(공인노무사) 지음 / 신국판 / 384쪽 / 14,000원

처 세

성공적인 삶을 추구하는 여성들에게 우먼파워
조안 커너 · 모이라 레이너 공저 / 지창영 옮김
/ 신국판 / 352쪽 / 8,800원

🐼 이익이 되는 말 🐼 손해가 되는 말
우메시마 미요 지음 / 정성호 옮김 / 신국판 / 304쪽 / 9,000원

성공하는 사람들의 화술테크닉
민영욱 지음 / 신국판 / 320쪽 / 9,500원

부자들의 생활습관 가난한 사람들의 생활습관
다케우치 야스오 지음 / 홍영의 옮김 / 신국판 / 320쪽 / 9,800원

코끼리 귀를 당긴 원숭이-히딩크식 창의력을 배우자
강충인 지음 / 신국판 / 208쪽 / 8,500원

성공하려면 유머와 위트로 무장하라
민영욱 지음 / 신국판 / 292쪽 / 9,500원

등소평의 오뚝이전략
조창남 편저 / 신국판 / 304쪽 / 9,500원

노무현 화술과 화법을 통한 이미지 변화
이현정 지음 / 신국판 / 320쪽 / 10,000원

성공하는 사람들의 토론의 법칙
민영욱 지음 / 신국판 / 280쪽 / 9,500원

사람은 칭찬을 먹고산다
민영욱 지음 / 신국판 / 268쪽 / 9,500원

사과의 기술
김농주 지음 / 신국판 변형 양장본 / 200쪽 / 10,000원

취업 경쟁력을 높여라
김농주 지음 / 신국판 / 280쪽 / 12,000원

유비쿼터스시대의 블루오션 전략
최양미 지음 / 신국판 / 248쪽 / 10,000원

나만의 블루오션 전략 -화술편
민영욱 지음 / 신국판 / 254쪽 / 10,000원

희망의 씨앗을 뿌리는 20대를 위하여
우광균 지음 / 신국판 / 172쪽 / 8,000원

끌리는 사람이 되기위한 이미지 컨설팅
홍순아 지음 / 대국전판 / 194쪽 / 10,000원

글로벌 리더의 소통을 위한 스피치
민영욱 지음 / 신국판 / 328쪽 / 10,000원

오바마처럼 꿈에 미쳐라
정영순 지음 / 신국판 / 208쪽 / 9,500원

여자 30대, 내 생애 최고의 인생을 만들어라
정영순 지음 / 신국판 / 256쪽 / 11,500원

인맥의 달인을 넘어 인맥의 神이 되라
서필환 · 봉은희 지음 / 신국판 / 304쪽 / 12,000원

아임 파인(I'm Fine!)
오오카와 류우호오 지음 / 4 × 6판 / 152쪽 / 8,000원

미셸 오바마처럼 사랑하고 성공하라
정영순 지음 / 신국판 / 224쪽 / 10,000원

명 상

명상으로 얻는 깨달음
달라이 라마 지음 / 지창영 옮김 / 국판 / 320쪽 / 9,000원

어학

2진법 영어
이상도 지음 / 4×6배판 변형 / 328쪽 / 13,000원

한 방으로 끝내는 영어
고제윤 지음 / 신국판 / 316쪽 / 9,800원

한 방으로 끝내는 영단어
김승엽 지음 / 김수경 · 카렌다 감수
/ 4×6배판 변형 / 236쪽 / 9,800원

해도해도 안 되던 영어회화 하루에 30분씩 90일이면 끝낸다
Carrot Korea 편집부 지음 / 4×6배판 변형 / 260쪽 / 11,000원

바로 활용할 수 있는 기초생활영어
김수경 지음 / 신국판 / 240쪽 / 10,000원

바로 활용할 수 있는 비즈니스영어
김수경 지음 / 신국판 / 252쪽 / 10,000원

생존영어55
홍일록 지음 / 신국판 / 224쪽 / 8,500원

필수 여행영어회화
한현숙 지음 / 4×6판 변형 / 328쪽 / 7,000원

필수 여행일어회화
윤영자 지음 / 4×6판 변형 / 264쪽 / 6,500원

필수 여행중국어회화
이은진 지음 / 4×6판 변형 / 256쪽 / 7,000원

영어로 배우는 중국어
김승엽 지음 / 신국판 / 216쪽 / 9,000원

필수 여행 스페인어회화
유연창 지음 / 4×6판 변형 / 288쪽 / 7,000원

바로 활용할 수 있는 홈스테이 영어
김형주 지음 / 신국판 / 184쪽 / 9,000원

필수 여행 러시아어회화
이은수 지음 / 4×6판 변형 / 248쪽 / 7,500원

여행

우리 땅 우리 문화가 살아 숨쉬는 옛터
이형권 지음 / 대국전판 올컬러 / 208쪽 / 9,500원

아름다운 산사
이형권 지음 / 대국전판 올컬러 / 208쪽 / 9,500원

맛과 멋이 있는 낭만의 카페
박성찬 지음 / 대국전판 올컬러 / 168쪽 / 9,900원

한국의 숨어 있는 아름다운 풍경
이종원 지음 / 대국전판 올컬러 / 208쪽 / 9,900원

사람이 있고 자연이 있는 아름다운 명산
박기성 지음 / 대국전판 올컬러 / 176쪽 / 12,000원

마음의 고향을 찾아가는 여행 포구
김인자 지음 / 대국전판 올컬러 / 224쪽 / 14,000원

생명이 살아 숨쉬는 한국의 아름다운 강
민병준 지음 / 대국전판 올컬러 / 168쪽 / 12,000원

틈나는 대로 세계여행
김재관 지음 / 4×6배판 변형 올컬러 / 368쪽 / 20,000원

풍경 속을 걷는 즐거움 명상 산책
김인자 지음 / 대국전판 올컬러 / 224쪽 / 14,000원

3. 3. 7 세계여행
김완수 지음 / 4×6배판 변형 올컬러 / 280쪽 / 12,900원

레포츠

수열이의 브라질 축구 탐방 삼바 축구, 그들은 강하다
이수열 지음 / 신국판 / 280쪽 / 8,500원

마라톤, 그 아름다운 도전을 향하여
빌 로저스 · 프리실라 웰치 · 조 헨더슨 공저 / 오인환 감수 /
지창영 옮김 / 4×6배판 / 320쪽 / 15,000원

인라인스케이팅 100%즐기기
임미숙 지음 / 4×6배판 변형 / 172쪽 / 11,000원

스키 100% 즐기기
김동환 지음 / 4×6배판 변형 / 184쪽 / 12,000원

태권도 총론
하웅의 지음 / 4×6배판 / 288쪽 / 15,000원

수영 100% 즐기기
김종만 지음 / 4×6배판 변형 / 248쪽 / 13,000원

건강을 위한 웰빙 걷기
이강옥 지음 / 대국전판 / 280쪽 / 10,000원

쉽고 즐겁게! 신나게! 배우는 재즈댄스
최재선 지음 / 4×6배판 변형 / 200쪽 / 12,000원

해양스포츠 카이트보딩
김남용 편저 / 신국판 올컬러 / 152쪽 / 18,000원

골프

퍼팅 메커닉
이근택 지음 / 4×6배판 변형 / 192쪽 / 18,000원

아마골프 가이드
정영호 지음 / 4×6배판 변형 / 216쪽 / 12,000원

골프 100타 깨기
김준모 지음 / 4×6배판 변형 / 136쪽 / 10,000원

골프 90타 깨기
김광섭 지음 / 4×6배판 변형 / 148쪽 / 11,000원

KLPGA 최여진 프로의 센스 골프
최여진 지음 / 4×6배판 변형 올컬러 / 192쪽 / 13,900원

KTPGA 김준모 프로의 파워 골프
김준모 지음 / 4×6배판 변형 올컬러 / 192쪽 / 13,900원

골프 80타 깨기
오태훈 지음 / 4×6배판 변형 / 132쪽 / 10,000원

신나는 골프 세상
유응열 지음 / 4×6배판 변형 올컬러 / 232쪽 / 16,000원

이신 프로의 더 퍼펙트
이신 지음 / 국배판 / 336쪽 / 28,000원

주니어출신 박영진 프로의 주니어골프
박영진 지음 / 4×6배판 변형 올컬러 / 164쪽 / 11,000원

골프손자병법
유응열 지음 / 4×6배판 변형 올컬러 / 212쪽 / 16,000원

박영진 프로의 주말 골퍼 100타 깨기
박영진 지음 / 4×6배판 변형 올컬러 / 160쪽 / 12,000원

10타 줄여주는 클럽 피팅
현세용 · 서주석 공저 / 4×6배판 변형 / 184쪽 / 15,000원

단기간에 싱글이 될 수 있는 원포인트 레슨
권용진 · 김준모 지음 / 4×6배판 변형 올컬러 / 152쪽 / 12,500원

이신 프로의 더 퍼펙트 쇼트 게임
이신 지음 / 국배판 올컬러 / 248쪽 / 20,000원

언제나 가장 잘 맞는 스킨 골프
박길석 지음 / 국배판 올컬러 / 312쪽 / 43,000원

여성실용

결혼준비, 이제 놀이가 된다 김창규 · 김수경 · 김정철 지음
4×6배판 변형 올컬러 / 230쪽 / 13,000원

인체에 가장 잘 맞는
스킨 골프
SKIN GOLF

2009년 5월 15일 제1판 1쇄 발행

지은이/박길석
펴낸이/강선희
펴낸곳/가림출판사

등록/1992. 10. 6. 제4-191호
주소/서울시 광진구 구의동 57-71 부원빌딩 4층
대표전화/458-6451   팩스/458-6450
홈페이지/ www.galim.co.kr
전자우편/galim@galim.co.kr

값 43,000원

ⓒ 박길석, 2009

저자와의 협의하에 인지를 생략합니다.

ISBN 978-89-7895-316-0 03690

가림출판사 · 가림M&B · 가림Let's의 홈페이지(http://www.galim.co.kr)에 들
어오시면 가림출판사 · 가림M&B · 가림Let's의 신간도서 및 출간 예정 도서를
포함한 모든 책들을 만나실 수 있습니다.
온라인 서점을 통하여 직접 도서 구입도 하실 수 있으며 가림 홈페이지 내에서
전국 대형 서점들의 사이트에 링크하시어 종합 신간 안내 및 각종 도서 정보,
책과 관련된 문화 정보를 받아보실 수 있습니다.
또한 홈페이지 방문시 회원으로 가입하시면 신간 안내 자료를 보내드립니다.